Cocina sana con pizca de sabor

CHEF KARLA HERNÁNDEZ

Cocina sana con pizca de sabor

La guía práctica para nutrir tu cuerpo
y vivir sana y deliciosamente

Grijalbo vital

Cocina sana con pizca de sabor
La guía práctica para nutrir tu cuerpo y vivir sana y deliciosamente

Primera edición: septiembre, 2019

D. R. © 2019, Karla Hernández

D. R. © 2019, derechos de edición mundiales en lengua castellana:
Penguin Random House Grupo Editorial, S. A. de C. V.
Blvd. Miguel de Cervantes Saavedra núm. 301, 1er piso,
colonia Granada, delegación Miguel Hidalgo, C. P. 11520,
Ciudad de México

www.megustaleer.mx

D. R. © 2019, Karla Hernández, por las fotografías de los platillos
D. R. © 2019, Alejandra Cabral, por las fotografías de la autora
D. R. © 2019, Amalia Ángeles y Lucero Elizabeth Vázquez Téllez por el diseño de interiores

ISBN: 978-607-318-341-3

Impreso en México – *Printed in Mexico*

El papel utilizado para la impresión de este libro ha sido fabricado a partir de madera procedente
de bosques y plantaciones gestionadas con los más altos estándares ambientales, garantizando
una explotación de los recursos sostenible con el medio ambiente y beneficiosa para las personas.

Penguin
Random House
Grupo Editorial

Para Kike y Diego,
los amo con todo mi corazón.

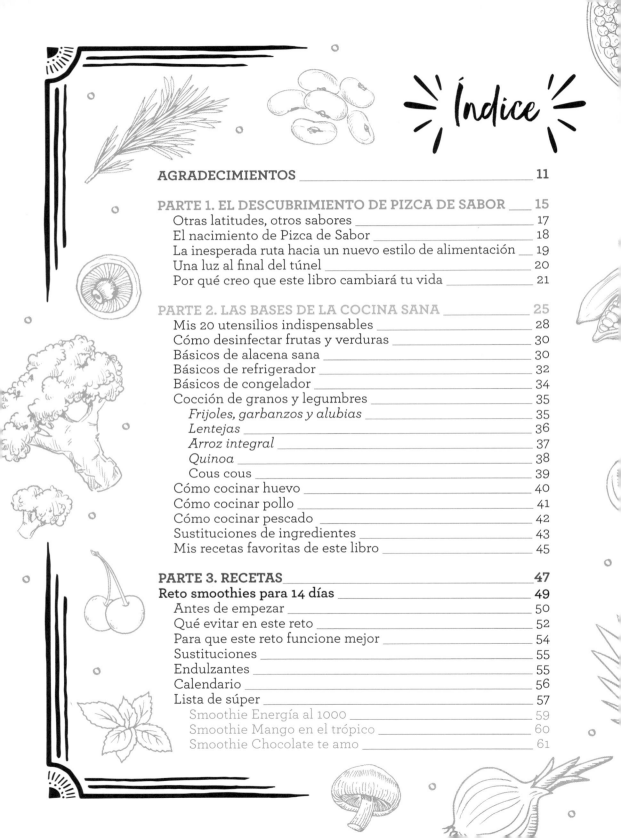

Índice

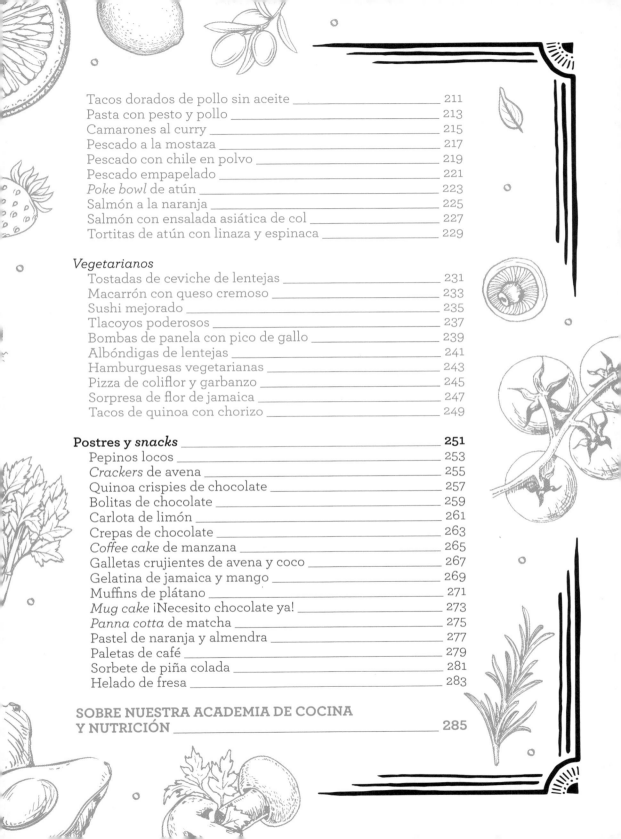

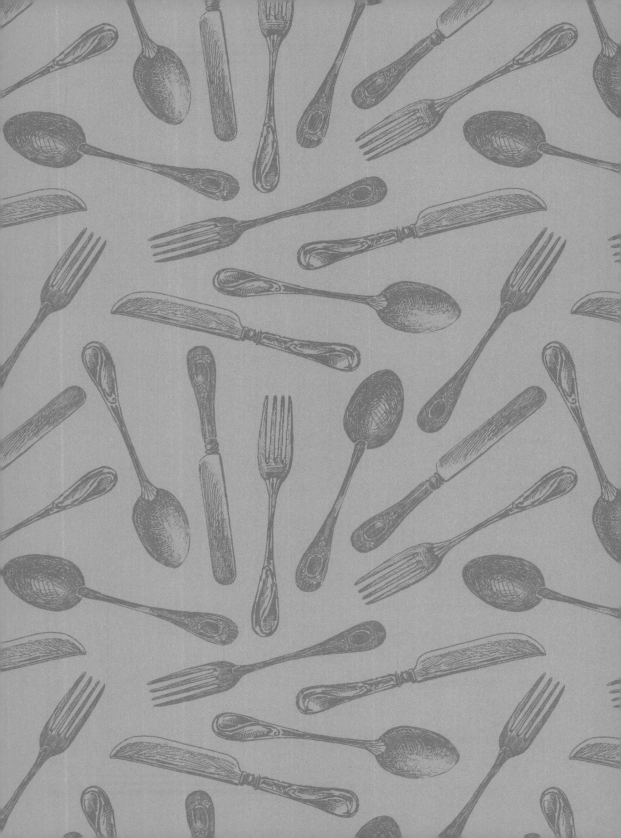

Agradecimientos

La idea de este libro nació hace varios años, cuando casi a diario me preguntaban en redes y por correo electrónico por dónde empezar a comer sano si no sabían cocinar.

Me encanta ponerme en los zapatos de los demás cuando estoy diseñando recetas para mis libros, programas de salud, talleres en línea o productos, así que comencé con un índice de lo que a la gente le gustaría encontrar en un libro así. Tomé en cuenta las dos personas ideales que podrían adquirirlo: aquellos que no tienen mucha experiencia en la cocina y quienes ya llevan un estilo de vida sano, pero que rápidamente se quedan sin ideas a la hora de cocinar.

Con una idea clara de lo que quería abarcar, todo empezó a tomar forma. Quiero enseñarte incluso lo básico, aquello que muchas veces damos por sentado, y llegar hasta mis favoritos en la cocina, como utensilios e ingredientes que no pueden faltar en mi casa para preparar recetas sanas en minutos.

Creo que este libro no hubiera sido posible sin varias personas. La primera de ellas eres tú, mi lector. Algunos de ustedes están conmigo desde que empezó esta aventura hace 7 años en el blog; otros acaban de unirse. Gracias a todos por estar con Pizca de Sabor, preparar las recetas y ser parte de esta familia sana que come delicioso todos los días.

También quiero agradecer a mis papas, Carlos y Patricia, por enseñarme que podía cumplir todos mis sueños siempre y cuando trabajara para alcanzarlos. Por darme la oportunidad de empezar este camino en la cocina hace casi 13 años al mandarme a estudiar a París. Creo que me enamoré de la comida ese año (los casi 8 kilos que subí en ese periodo sin duda lo probaron). A mi hermana, Katia, que leyó en repetidas ocasiones el índice y que me ayudó a decidir si cada receta merecía o no estar en el libro.

A mi familia. Este libro llegó cuando menos lo esperaba y nunca me imaginé que iba a estar terminando un manuscrito con 130 recetas nuevas en los primeros meses de vida de Diego, mi hijo. Gracias, Kike, porque sin ti este libro nunca hubiera sido posible. Me diste apoyo, motivación y tiempo para poder escribir, probar y fotografiar todas las recetas. Eres nuestra roca y agradezco a la vida todos los días porque podemos formar nuestra pequeña familia y vivir esta aventura juntos.

A mis suegros, Elsa y Enrique, por siempre estar pendientes de nosotros y ayudarnos con Diego para que pudiéramos avanzar en el libro y en el trabajo. A mis amigos, gracias por probar muchas recetas y entender

que es muy normal que a veces tarde días en responder los mensajes de WhatsApp.

Agradezco enormemente a Grijalbo Vital, a Penguin Random House México y a todas las personas con las que hemos trabajado en estos meses; estoy muy emocionada de poder formar parte de esta gran familia, es un sueño hecho realidad. Gracias especiales para Ana Guerrero: por confiar en mí y en este proyecto, así como por toda tu paciencia a lo largo de estos meses, me encantó trabajar a tu lado.

Espero que disfrutes muchísimo mi libro y que lo uses todas las semanas en tu casa. Si haces una receta, ¡mándame foto a mis redes para poder compartirla y antojar a todos con las delicias que encontrarán aquí!

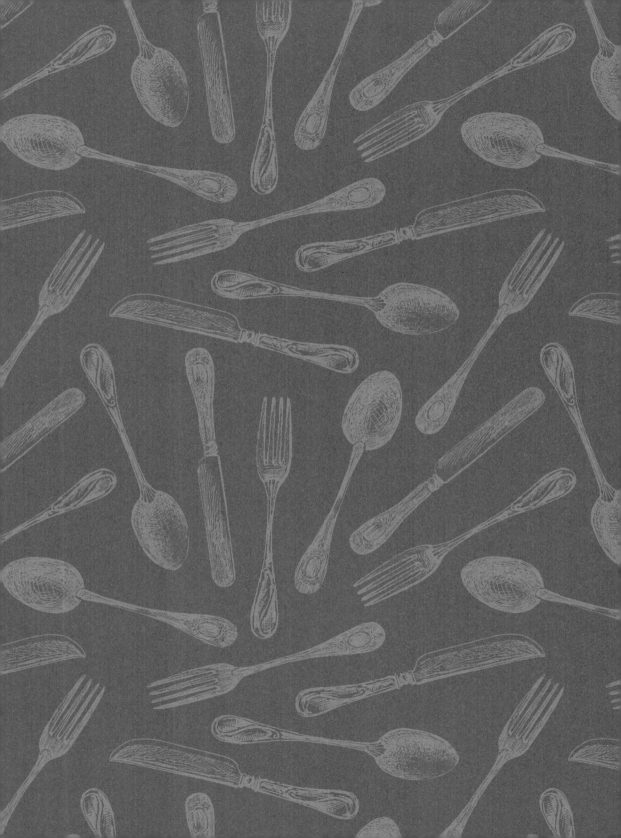

El descubrimiento de Pizca de Sabor

Parte I

La comida significa todo para mí.

Cuando busco en mi memoria, me resulta difícil encontrar un recuerdo que no gire en torno a ella y su poder para comunicar amor, reconfortarnos y unirnos a otros. Como en muchas otras familias mexicanas, en la mía nos encanta comer, y si cierro los ojos todavía puedo sentir flotando en el aire el aroma de la carne asada en la comida de Navidad o el olor de las migas en casa de mi abuela, en Higueras, Nuevo León, donde pasábamos parte de las vacaciones de verano.

Aunque nunca me vi dedicándome a un trabajo rutinario, sí llegué a creer que seguiría los pasos de mi papá en la medicina o en ciencias. Pero a los diecisiete años, después de un verano que pasé en un internado en Suiza donde, además del francés, aprendimos a cocinar con recetas del Cordon Blue, descubrí que la cocina tal vez fuera algo más que un capricho o un pasatiempo. Ante mí tenía la oportunidad de estudiar una carrera más convencional que me asegurara un futuro estable, pero mi corazón tiraba hacia otra parte. Y probablemente me hubiera equivocado al elegir, si mis papás no me hubieran animado a hacer lo que realmente deseaba: al final fueron ellos quienes me convencieron de aplicar al Cordon Blue de París, la madre de todas las escuelas de gastronomía francesa en el mundo.

Otras latitudes, otros sabores

Con mi carta de aceptación comenzó una de las más grandes aventuras de mi vida. Pero una vez que me mudé a París, descubrí que lograr mi sueño no sería sencillo. Con dieciocho años, yo era la más joven de los dos grupos que cursaban el Grand Diplôme, el programa de formación culinaria de mayor prestigio a nivel internacional, y mis profesores, acostumbrados a ver chicas jóvenes que aprendían a cocinar para "casarse bien", creían que no soportaría el alto nivel de exigencia de las clases.

Pero la cocina no era una segunda opción para mí y eso me motivó a mostrarles de qué estaba hecha. Para cuando alcancé el nivel intermedio, ya era una de las cinco mejores de mi clase. Más tarde, cuando alcancé el nivel avanzado, conseguí la recomendación de mi profesor de *patisserie* —un chef reconocido con el premio "Mejor Trabajador de Francia"—, para realizar las peleadas prácticas finales en el restaurante Le Jules Verne, de la Torre Eiffel. Ahí no sólo aprendí muchísimo sobre cocina, sino que descubrí que el

exigente ritmo de vida de la alta cocina no iba realmente con mis planes. Yo quería cocinar algo distinto todos los días y tal vez escribir para una revista gastronómica, así que después de graduarme con altas notas, volví a México para tratar de descubrir qué hacer con mi vida.

A los diecinueve tenía experiencia en la cocina, pero no estaba lista para un negocio propio, así que me tomé el tiempo para estudiar un poco más y viajar a Chile de intercambio, donde aprendí sobre cata de vinos y turismo gastronómico. Estaba lista para el siguiente capítulo de mi vida, sin saber aún en qué consistiría.

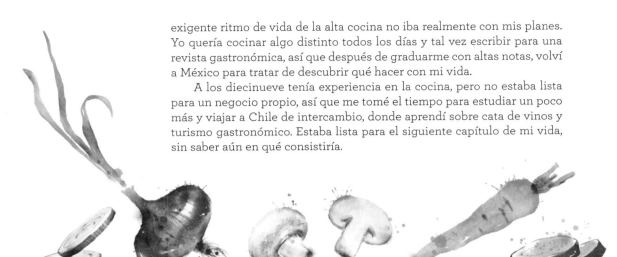

El nacimiento de Pizca de Sabor

Al salir de la universidad me casé con Kike (quien incluso viajó hasta Chile para recorrer conmigo la Patagonia), y guiados por el sueño de él, montamos un restaurancito. Pero el proyecto no me apasionaba realmente, y entre sandwiches, paninis y la rutina comencé a perder motivación. Leía muchos blogs de Estados Unidos y Europa, y sentía el impulso de escribir, pero me detenía al no sentirme suficientemente buena.

Un día decidí dejar de temer y me propuse publicar en un blog una receta distinta cada uno de los 365 días del año, para obligarme a cocinar siempre algo distinto. Kike me prestó su cámara para que pudiera tomar fotografías más profesionales, y cuando decidimos cerrar el restaurante, también acordamos que yo trabajaría seriamente en mi blog, que llamé *Pizca de Sabor*. Por primera vez en mucho tiempo disfrutaba realmente lo que hacía, y al combinar mi experiencia con mi pereza natural —que yo considero una ventaja— comencé a llenar el blog de recetas con soluciones nuevas y sencillas para cocinar cosas que parecían muy complicadas. Sin duda eso contribuyó al increíble éxito de *Pizca de Sabor*: todavía recuerdo cuando apenas tenía diez seguidores al día y cuando, de pronto, ese número saltó a millones de lectores quienes, como yo, creen que todos merecemos comer de forma deliciosa.

La inesperada ruta hacia un nuevo estilo de alimentación

Todo cambió a inicios de 2013. Aunque durante años había sentido molestias que crecieron hasta convertirse en episodios de intoxicación, inflamación o dolores abdominales intensos, ni en los peores momentos llegué a imaginar lo mucho que se complicarían las cosas.

En años anteriores, cuando las molestias rozaban el límite de lo tolerable, me obligaba a dejar el pan y otros ingredientes que veía que no le caían bien a mi cuerpo. Pero en cuanto regresaba a mis viejos hábitos, regresaban también los síntomas, así que tenía que encontrar una solución definitiva. Pensé que el consejo de un médico, como mi papá, podría ayudarme, y así fue como me hice los exámenes de alergias alimentarias IgG e IgE que lo cambiarían todo.

Una tarde fría de enero, mi papá llamó para decir que los resultados estaban listos, y que me sorprenderían. Y es que descubrí que era intolerante... ¡a cuarenta y siete agentes distintos! ¡Todo lo que comía tenía el potencial de llevarme a la sala de urgencias! Por supuesto, hay cosas peores que no poder comer algunas cosas, ¡pero díganle eso a alguien cuyo trabajo es escribir sobre la dicha de cocinar y de comer! En *Pizca de Sabor* por fin había encontrado mi camino, y tenía una lista inmensa de recetas para los próximos meses. Ahora, en cuestión de segundos, todo lo relacionado con mi blog y mi manera de comer había cambiado para siempre.

Tuve que dejar de comer pan, levaduras, huevos, aguacate, limón, naranja, vino, café, azúcar blanca, lácteos, arándanos rojos, avena, yogurt, granola y jugos —el azúcar de caña estaba definitivamente fuera de mis límites—, todos ellos normalmente incluidos en el desayuno. Como resultado, en los días posteriores a la llegada de mis resultados estuve como desorientada, pero el verdadero horror llegó en mi primera salida al supermercado, cuando descubrí lo difícil y costosa que se había vuelto una actividad que antes me alegraba el día. Era como si todo contuviera azúcar de caña o gluten, los ingredientes prohibidos de mi dieta, y cuando no era así, mis opciones eran desabridas o incomibles. Cuando Kike y mis papás me ayudaron a sacar todo lo que pudiera detonar mis síntomas, sentí que desfallecía, o tal vez sólo fuera el hambre causada por toda esa comida horrible en mi nueva vida.

Sin embargo, no todo eran malas noticias. Una vez que sabía qué era lo que no podía comer, pude contemplar mis alternativas, y los resultados casi inmediatos de mi nuevo régimen lograron animarme un poco. Hasta que una crisis de exceso de confianza en mi recuperación, provocada por creer que ya podía beber uno de esos populares cafés *que-no-deben-ser-nombrados*, me devolvieron a la sala de urgencias con un diagnóstico de intoxicación por alimentos. A mi salida del hospital las reglas se intensificaron: no más comidas fuera de casa y cualquier comida del grupo "moderado" volvió a estar prohibida. El camino andado se había ido a la basura con los antibióticos suministrados, y lo único que deseaba era que reemplazaran mi estómago por uno nuevo.

Una luz al final del túnel

No te cuento todo esto para que pierdas la esperanza. Si te acaban de detectar intolerancias o alergias a los alimentos será difícil ver el lado positivo en las primeras semanas. Pero créeme cuando digo que no tardarás en notar los resultados y comprenderás que todo vale la pena. Es tu salud la que estás cuidando.

Comprendí que aunque creía tener una vida saludable porque mi dieta incluía verduras, no tomaba, no fumaba y regularmente hacía ejercicio, en realidad consumía montones de comida chatarra los fines de semana, para premiarme, y porque mi complexión delgada me hacía creer que comer así no podía hacerme daño. Decidí que estaba harta de vivir mal y comencé a investigar todo lo que podía sobre mis intolerancias. Entonces, con la lista de lo que sí podía comer, comencé a crear numerosas recetas para mi blog. Pero todavía temía a la reacción de mis seguidores, ¿y si las nuevas recetas no les gustaban?, ¿y si me abandonaban ahora que tenía que trabajar con ingredientes limitados? No me atreví a contárselos hasta que completé la mitad de mi tratamiento, y sinceramente no esperaba lo que sucedió.

Las nuevas recetas los enloquecieron y los sabores que fuimos descubriendo juntos les parecieron tan insólitos e irresistibles, pero sobre todo, los hacían sentirse tan bien y sin culpa, que no dejaban de pedirme más y más. En ese tiempo el movimiento de la nutrición saludable no había alcanzado las proporciones que tiene ahora, gracias a Instagram y YouTube, así que *Pizca de Sabor* creció a un ritmo de locura cuando nuevos seguidores descubrieron que ahí encontraban las recetas de su día a día con ese *twist* sano. Ya fuera para convencer a sus niños o esposos de comer vegetales, bajar de peso o cuidar la dieta especial de un familiar enfermo, esos lectores me convencieron de publicar nuevos materiales para enseñarles que los vegetales podían ser las estrellas de platillos tradicionales, de formas que ni imaginaban. A mi parecer, *Pizca de Sabor* llegó en el momento indicado, cuando las personas estaban deseosas de cambiar de hábitos pero no sabían cómo, o no creían que lo lograrían. Juntos hemos descubierto por qué comer más vegetales es importante y que prepararlos y comerlos no tiene que ser una tortura.

Al final, fueron ellos quienes me ayudaron a reencontrar mi camino, pero también a sanar. Al pasar el primer año, mi alimentación se normalizó, pero conservé mis nuevos hábitos alimenticios. Nunca había tenido tanta energía, dejé de sentirme inflamada, mi piel se puso increíble y dejé de enfermarme. Lo esencial fue darle a mi cuerpo, mi herramienta creativa más indispensable, el tiempo necesario para recuperarse. Y ahora quiero que tú también te sientas así de bien.

Por qué creo que este libro cambiará tu vida

No me gusta catalogarme según lo que como, porque creo en un estilo de alimentación variado que combina recetas saludables vegetarianas o veganas y sin lácteos con otras que incluyen pollo, pan y hasta quesos o chocolates, de la cocina tradicional mexicana, pero también de la francesa. Creo que la mayor parte de las personas que no comen sano todos los días necesitan comenzar por alguna parte, con ideas que les demuestren lo sencillo que es pasarse al lado saludable de la vida.

Mientras estaba en el octavo mes de embarazo, una lectora me escribió para agradecerme por una receta de gelatina disponible en mi página que preparó para su hermano enfermo. Se habían distanciado mucho, pero cuando él probó lo que ella había cocinado, continuó pidiendo que se la preparara. Al final, me contaba, su hermano había muerto, y esa receta de gelatina se convirtió en un símbolo de la unión entre ellos en sus últimos meses. En historias como ésta reside la clave de lo que hago y por qué amo compartirlo con todo el que desee aprender a cocinar.

Quiero compartirte recetas probadas por mí y que funcionan, que puedas seguir paso a paso sin importar tu nivel de experiencia en la cocina.

No sé si cambiarán tu vida, pero como habrás podido leer, sí cambiaron la mía. Y hoy, con Diego en brazos mientras terminamos de escribir este libro, pienso que todo lo que he vivido y me ha transformado en estos años ha quedado grabado en los consejos para cocinar que comparto, y que compartiré con mi hijo en el futuro.

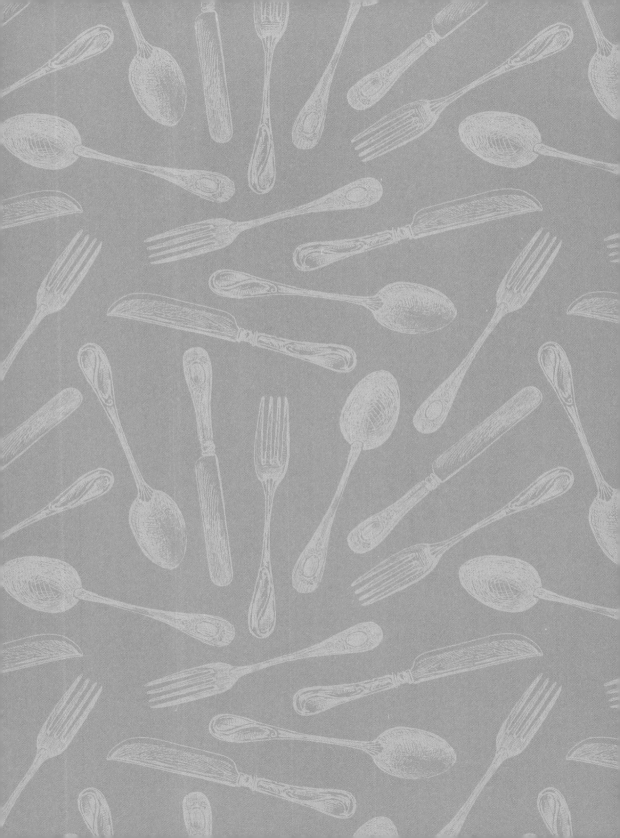

Las bases de la cocina sana

Antes de poner manos a la obra quiero contarte mis recetas favoritas del libro y darte todas las recomendaciones esenciales sobre utensilios, especias, sustituciones y técnicas de preparación y conservación para entrar de lleno en tu transición a una vida saludable, fácil y práctica. No necesitas comprar todo desde el inicio y seguramente ya tienes muchos de estos ingredientes y utensilios en casa. Y recuerda, todos estos consejos puedes adaptarlos a tu presupuesto, tamaño de cocina y gustos.

Mis 20 utensilios indispensables

1. Colador
Para pastas, algunas salsas y lavar verduras de una forma rápida.

2. Exprimidor de limones
En México somos aficionados al sabor del limón en todo.

3. Batidor globo
Si te gusta hornear vale la pena comprar uno.

4. Sartén y comal
Puedes comenzar con uno mediano y uno grande.

5. Cucharas de madera
Las uso todos los días y las tengo en un recipiente accesible.

6. Cuchillos
Un cuchillo de chef, uno más pequeño (pelador o *paring knife*) y un cuchillo con dientes o sierra para cortar tomate o pan.

7. Tabla de picar
Asegúrate de comprarlas con superficie antideslizante por un lado, para que no se resbale y te cortes.

8. Rallador y pelador
Rallar vegetales es una forma sencilla de incorporarlos a los alimentos, ya sean crudos o cocinados.

9. Bandeja para hornear
Una de tamaño grande para hacer galletas, pizza, dorar tacos o hacer totopos sin aceite.

10. Bowl o recipiente
Si los consigues en varios tamaños será más fácil contar con ellos cuando debas hacer mezclas.

11. Licuadora

Te servirá en la preparación de los smoothies del reto (página 49), salsas, cremas o sopas, harina de avena, hot cakes y crepas (263).

12. Los infaltables

Tornero, pinzas, cucharón, cuchara ranurada y un miserable o espátula de silicona.

13. Sartén para huevo o hot cakes

En nuestra academia[1] siempre recomiendo este utensilio para evitar el uso de aceite.

14. Recipientes de vidrio con tapa (mason jars)

Para guardar salsas, mermeladas, smoothies y mezclar los aderezos.

15. Olla grande con tapa

Para sopas, caldos, pastas y preparaciones más grandes.

16. Procesador de alimentos

Te recomiendo invertir en uno de 8 tazas. Lo usarás para preparar crema de cacahuate (página 93), salsas y chile en polvo (81), hacer hamburguesas (243), albóndigas de lentejas (241), bolitas de chocolate (259), sorbete de piña colada (281) y helados de fresa (283).

17. Extractor de jugos

Sólo es necesario si prepararás los jugos verdes. Prueba antes si tu licuadora es suficiente. Un extractor de boca ancha es la mejor opción.

18. Misto

Para engrasar ligeramente, como pido, sin usar aceites comerciales (con conservadores y aditivos), necesitarás este dispositivo que puedes comprar en Amazon.

19. Tazas y cucharas medidoras estándares americanas

Las podrás encontrar en cualquier supermercado o en Amazon.

20. Cafetera

Si bien no la uso en estas recetas, hace poco compré un espumador de leche manual pequeño que uso para preparar capuchinos o *lattes* de matcha.

---

1 Visita www.academiapds.com

Cómo desinfectar frutas y verduras

Normalmente cuando llego a casa del supermercado lleno una tarja con 3 litros de agua y 1 taza de vinagre blanco. Agrego la fruta y la verdura recién comprada o que voy a consumir y la dejo reposar por 10 minutos. Luego lo enjuago todo con agua fría y lo escurro hasta que está seco y lo refrigero. De esta forma guardo todo limpio y puedo preparar mis recetas más rápido.

Básicos de alacena sana

Para recetas que te sacarán de apuros. Es mejor si los compras poco a poco, aunque si te gusta cocinar, tal vez ya cuentes con ellos.

Abarrotes

- Totopos y tostadas de nopal: para chilaquiles sanos o con limón y chile
- Avena en hojuelas: para preparar avena (página 143) *mug cakes* o hot cakes
- Pasta de tomate: en salsas rápidas para pastas, carnes, espagueti o pizza
- Tomate para pelar y machacar
- Garbanzos en lata: para el hummus, aunque debes enjuagarlos muy bien
- Lomo de atún en agua: asegúrate de que no sea una mezcla de atún con soya
- Pasta integral
- Quinoa
- *Cous cous*
- Frijoles secos
- Lentejas
- Arroz integral
- Garbanzos secos
- Extras: aceitunas, alcaparras y palmitos en lata

Especias, aceites, vinagres

- Sal rosa del Himalaya
- Pimienta negra
- Orégano seco
- Comino molido
- Ajo en polvo
- Cebolla en polvo
- Curry en polvo
- Paprika o pimentón molido
- Chile de árbol seco
- Hierbas italianas secas
- Vinagre de manzana
- Vinagre balsámico
- Vinagre de arroz
- Consomé orgánico y libre de glutamato
- Aceite de oliva, de aguacate, coco, ajonjolí, soya o aminos: yo uso distintos aceites, pero tú puedes comprar uno cada mes
- Otras sugerencias: yo uso albahaca seca, eneldo seco (para aderezo *ranch* sano), perejil seco, zatar, cúrcuma molida y sazonador pimienta-limón

Frutos secos y más

- Coco rallado
- Chía seca
- Linaza molida
- Almendras rebanadas
- Nuez picada
- Cacahuates naturales
- Extras para un toque especial: semillas de ajonjolí para los platillos orientales, granillo de cacao, arándanos secos y dátiles

Postres o dulce

- Chispas de chocolate amargo
- Extracto de vainilla
- Estevia o *monk fruit*
- Azúcar mascabado
- Canela molida
- Dátiles
- Polvo de hornear
- Miel de abeja
- Harina integral
- Grenetina en polvo
- Crema de cacahuate, que preparo con mi receta (página 93)
- Cocoa o cacao en polvo

Básicos de refrigerador

Verduras para cada semana

- Calabacita
- Zanahoria
- Espinaca
- Tomate
- Pepino
- Lechuga
- Cebolla
- Ajo
- Chile jalapeño o serrano
- Cilantro y perejil

Verduras que se conservan varias semanas

- Brócoli
- Coliflor
- Repollo
- Chayote
- Chile poblano
- Papa y camote

Fruta para cada semana

- Naranja
- Plátano
- Manzanas
- Aguacate

Y según la temporada...

- Mango
- Fresas
- Duraznos
- Ciruelas y moras azules
- Kiwi
- Papaya

Condimentos para aderezos o para sazonar

- Mostaza amarrilla
- Tahini
- Pasta de semillas de ajonjolí
- Salsa sriracha
- Chipotles adobados
- Jengibre fresco enfrascado.

Condimentos extra

- Jalapeños en escabeche
- Pepinillos
- Cátsup reducida en azúcar
- Cebollas encurtidas (página 103)
- Mermelada casera (página 75)

Lácteos y más

- Leche de almendra
- Yogurt griego sin azúcar
- Mantequilla
- Requesón
- Queso panela, parmesano
  o de cabra

Postres

- Bolitas de chocolate (página 259)
  para quitarte el antojo
  de forma sana

Básicos de congelador

Fruta para smoothies

- Fresa
- Mango
- Mezcla de moras y plátano (corto los plátanos a la mitad y los guardo en bolsas resellables)

Verduras congeladas

- Brócoli
- Ejotes
- Espinaca u hojas verdes
- Edamames
- Rajas de chile poblano
- Mezcla campesina o zanahoria, chícharo y elote amarillo

Proteína

- Pechugas de pollo
- Pescado
- Carne molida o picada
- Filete de atún
- Pierna de cerdo

Salsas y preparados

- Pesto (página 79)
- Hummus (página 77)
- Chorizo de coliflor (página 101)
- Frijoles cocidos (página 35)
- Arroz integral cocido (página 147)
- Lentejas cocidas con caldo (página 36)
- Garbanzos cocidos (página 35)
- Caldo apapachador (página 179)
- Sopa de lentejas (página 175)
- Hamburguesas vegetarianas (página 243)
- Flor de jamaica hidratada (página 247)

Postres

- Helado de fresa (página 283)
- Sorbete de piña colada (página 281)
- Crepas de chocolate (página 263) sin rellenar
- Muffins de plátano (página 271)
- Paletas de café (página 279)

Cocción de granos y legumbres

Frijoles, garbanzos y alubias

1. *Cómo remojar:* por cada taza de granos agrega 4 veces su volumen de agua y deja reposar toda la noche a temperatura ambiente. Después drena, enguaja con agua y cocina. Cuando no tengas tanto tiempo disponible, puedes colocarlos en una olla, cubrirlos con abundante agua y hervirlos; después déjalos reposar 1 hora antes de drenar y enjuagar.
2. *Cómo cocinar:* colócalos en una olla con abundante agua (te deben sobrar 4 dedos) y cocínalos a fuego medio, sin dejar que hiervan mucho. Puedes sazonar el agua con hierbas, especias, ajo, cebolla, poro, apio, chile o zanahoria; incluso puedes usar caldo de pollo, res o vegetales. Eso sí, no agregues sal desde el inicio o la cáscara se pondrá dura. Calcula 1 ½ horas para cocinar garbanzos y frijoles, y entre 1 y 2 horas para cocinar alubias, según la frescura de cada uno de ellos.
3. *Cómo guardar:* consúmelos en los siguientes días, máximo 5. De otra forma, lo mejor es congelarlos y comerlos en los próximos 3 meses.
4. *Cómo congelar:* en bolsas resellables donde almacenes porciones de 1 a 2 tazas, ya sea con su caldo o machacados.

Recetas con frijoles

- *Breakfast toast* (página 139)
- Frijoles de olla (página 181)
- Crema de frijoles (página 183)

Recetas con garbanzos

- Hummus (página 77)
- Ceviche de garbanzos (página 161)
- Caldo apapachador (página 179)
- Hamburguesas vegetarianas (página 243)

Recetas con alubias

- Alubias con aceite de oliva (página 169)
- Sopa sorpresa de alubias (página 187)

Lentejas

Aquí me refiero a las lentejas cafés y verdes sobre todo, pues las lentejas rojas no se encuentran con tanta facilidad en México y su tiempo de cocción es menor.

1. *Cómo remojar:* límpialas para retirar piedras o impurezas. A continuación podrás remojarlas en un recipiente con abundante agua, si lo prefieres o no remojar, y dejarlas reposar por 4 horas a temperatura ambiente.

2. *Cómo cocinar:* ya sea que las cocines en agua o caldo para el ceviche de lentejas (página 231) o para sopa (página 175), colócalas en una olla con una doble o triple cantidad de agua o caldo y hiérvelas a fuego alto. Cuando alcancen el punto de ebullición, baja a fuego medio y cocina hasta que estén suaves. Si remojaste tus lentejas esto tomará unos 20 o 25 minutos. Si no lo hiciste, cocínalas por 40 o 45 minutos. La sal se agrega al final de la cocción y recuerda siempre tener líquido de cocción.

3. *Cómo guardar:* puedes conservarlas en el refrigerador por un máximo de 4 días. O en el congelador por los próximos 3 meses si no te las comerás en ese momento.

4. *Cómo congelar:* en bolsas resellables donde almacenes porciones de 1 a 2 tazas, ya sea con su caldo o machacados.

Recetas que puedes hacer con lentejas

- Sopa de lentejas (página 175)
- Albóndigas de lentejas (página 241)
- Tostadas con ceviche de lentejas (página 231)

Arroz integral

Este ingrediente, tan popular en los últimos años, tiene más valor nutritivo que el arroz blanco, el cual, sin su cáscara y germen, ha perdido la fibra, vitaminas y minerales que podría aportarnos. Yo uso una técnica de cocción de arroz algo distinta que consiste en no remojar el arroz para cocinarlo como si fuera pasta. Así es, leíste bien. Es un secreto con el que me topé en la revista *Saveur* y me encanta porque los granos quedan siempre separados. ¡No más arroz duro o batido!

1. *Cómo cocinar:* llena una cacerola grande con tapa con hasta 12 tazas de agua que deberás hervir. Coloca 1 taza de arroz en un colador y lávalo bajo el chorro de agua fría durante 30 segundos. Cuando el agua hierva agrega el arroz integral y mézclalo una vez. Cocina a fuego medio alto y sin tapa por entre 30 y 35 minutos; entonces cuela el arroz y déjalo reposar durante 10 segundos solamente. De inmediato colócalo en la misma cacerola ya sin agua y tapa la olla, para que no escape el vapor. Luego de 10 minutos mezcla el arroz con un tenedor para separar los granos y sazónalo al gusto con sal y pimienta.
2. *Cómo guardar:* consúmelo en los próximos 4 días, si lo refrigeras, o en los próximos 3 meses, si lo congelas.
3. *Cómo congelar:* guárdalo en bolsas resellables cuando el arroz se haya enfriado y para calentarlo simplemente retíralo del contenedor.

Recetas que puedes hacer con arroz integral

- Arroz tropical (página 147)
- Camarones al curry con leche de coco (página 215)
- *Poke bowl* (página 223)
- Sushi mejorado (página 235)

Quinoa

La quinoa tiene una textura ligera y con un sabor y olor parecidos al de la nuez o la almendra. Se cocina como el arroz y puede ser usada en preparaciones saladas o dulces en sólo 15 minutos.

1. *Cómo cocinar:* lava ½ taza de quinoa, hasta que el agua salga limpia, para quitar las saponinas que le dan un sabor amargo. Calienta un chorrito de aceite en un sartén u olla y saltea la quinoa hasta que se haya dorado un poco. Entonces agrega ¾ de taza de agua y una pizca de sal. Deja que hierva, tapa la olla y reduce el fuego. Cocina todo por entre 12 y 15 minutos, hasta que el agua se haya absorbido y la quinoa esté tierna. Permite que repose durante 5 minutos y mézclala con un tenedor. Puedes cambiar el agua por caldo o agregar especias de acuerdo a lo que se te antoje.
2. *Cómo guardar:* consúmela en los próximos 4 días, si la refrigeras, o en los próximos 3 meses, si la congelas.
3. *Cómo congelar:* guárdala en bolsas Ziploc cuando se haya enfriado, en porciones de ½ taza a 1 taza. y para calentarla simplemente retírala del contenedor.

Recetas que puedes hacer con quinoa

- Ensalada de quinoa (página 157)
- Tacos de quinoa con chorizo (página 249)
- Sushi mejorado (página 235)

Cous cous

La estrella en cocciones rápidas y uno de mis ingredientes favoritos.

1. *Cómo cocinar:* coloca ½ taza de *cous cous* en un plato hondo, agrégale el agua o caldo hirviendo, mézclalo y cúbrelo inmediatamente para que no se escape el vapor. Deja todo reposar por 5 minutos sin moverlo o abrirlo; después de ese tiempo, cuando lo destapes, ya no debería de quedar agua con el *cous cous*. Despega los granos con un tenedor.
2. *Cómo guardar:* consúmelo en los próximos 3 días, si lo refrigeras. En este caso no te recomiendo congelarlo, porque es mejor tenerlo fresco.

Recetas que puedes hacer con *cous cous*

- Ensalada fresca de *cous cous* (página 155)
- *Stir fry* de res (página 203)
- Pescado con chile en polvo (página 219)

Cómo cocinar huevo

Aunque todos decimos que sabemos prepararlos, nunca está de más aprender bien las técnicas básicas. Por eso incluí 4 recetas que te ayudarán a eso y aquí encontrarás todos los secretos de preparación.

- *Huevo duro:* hierve agua en una ollita y cuando burbujee baja el fuego y agrega el huevo sin golpearlo. Deja cocinar 8 minutos para la yema más suave o 10 minutos para la yema firme. Retira del agua, enfría un poco con agua y pela.
- *Huevo revuelto:* calienta un sartén antiadherente a fuego medio. Por cada 2 huevos que quieras preparar, agrega 1 cucharada de leche (tu favorita) o crema, pues ayudará a que queden cremosos. Bate en un recipiente los huevos con sal, pimienta y leche o crema hasta que todo esté incorporado y no veas pedazos de clara. Vacía los huevos en el sartén caliente y agrégale un toque extra de mantequilla. Muévelo con una cuchara o espátula desde la orilla al centro para romper los huevos y mezclarlos por completo. Cocínalos por 1 o 2 minutos, según cómo te guste la consistencia.
- *Huevo estrellado:* abre el huevo en un sartén caliente y sazónalo al gusto; después agrega al sartén una cucharada de agua, tápalo y cocina el huevo por 1 o 2 minutos. El vapor nos ayudará a cocinar el huevo de manera uniforme sin voltearlo. Además, la clara quedará cocida y la yema suave.
- *Huevos pochados:* revisa la receta de la página 135, donde te explico cómo preparar huevos pochados sin aceite.
- *Omelette:* revisa la receta de la página 133, donde te explico cómo preparar el mejor omelette ya sea con huevos completos o claras.

Cómo cocinar pollo

Normalmente cuando compro pechugas de pollo las pido sin piel, o pido muslos de pollo deshuesados y sin piel. Me gusta cocinar los muslos en la olla de lento cocimiento, sólo varío el sabor que le doy. Uno de mis favoritos es el que agarra con achiote, jugo de naranja, ajo, vinagre blanco y orégano, para emular los sabores de la cochinita pibil.

Si vas a cocinar pechugas de pollo te aconsejo cortarlas en cubitos, pues así la cocción toma menos tiempo y el sabor es más intenso. Abajo te comparto 10 mezclas de sabores para que no te aburras de las combinaciones y recuerda que puedes acompañar tu pollo con las recetas de ensaladas y guarniciones incluidas en este libro.

Combinación de especias y sabores

Favorito	Paprika o pimentón molido, ajo en polvo, cebolla en polvo
Fresco	Jugo de limón, ajo en polvo, cilantro o perejil picado al final
Oriental	Aceite de ajonjolí, salsa de soya, jengibre molido o fresco
Ajo picoso	Chile guajilllo o chile de árbol picado o triturado, ajo picado, aceite de oliva
A las hierbas	Aceite de oliva, hierbas italianas secas, ajo en polvo
Amarillo	Ajo en polvo, cúrcuma o curry en polvo
Marinado	Deja reposar en jugo de limón, ajo picado, aceite de oliva y cilantro fresco
Marruecos	Paprika o pimentón molido, comino, canela y jengibre
A la naranja	Marina 20 minutos en jugo de naranja, jengibre fresco y salsa de soya
Mostaza	Mezcla el pollo con mostaza amarilla, jugo de limón y ajo picado

Cómo cocinar pescado

Quería incluir varias formar de cocinar el pescado y salmón, con recetas que pudieras preparar al sartén o en el horno. Particularmente prefiero la segunda porque la cocina no se llena de olores y no ensucias tanto. Para aprender a cocinar el salmón y pescado al sartén revisa las recetas de salmón a la naranja (página 225), pescado a la mostaza (página 217), y para cocinarlos en el horno revisa las recetas de salmón con ensalada de col (página 227) y el pescado con chile en polvo (página 219). ¡Prepárate para ir más allá del aburrido pescado a la parrilla! Puedes usar todas las mezclas que te compartí para el pollo. Te recomiendo probar primero con las 4 recetas que ya leíste en esta sección y después probar las otras combinaciones de sabores.

Sustituciones de ingredientes

Puede que en ocasiones no tengas todos los ingredientes para preparar una receta, por lo cual necesitarás esta lista de sustituciones básicas. Recuerda que sobre todo los cambios grandes pueden afectar los resultados finales, especialmente cuando cambiamos harinas o tratamos de retirar el huevo de una receta.[2] Si quieres cambiar algo de las recetas del reto de smoothies (página 49), revisa las sustituciones específicas para esas recetas en la página 55. Te recuerdo que todas las recetas del libro las probamos muchas veces, y con el sello de garantía Pizca de Sabor y todos los tips adicionales que te incluyo, no deberías tener problemas.

Cous cous	Quinoa
Crema de cacahuate	Crema de almendra
Chile jalapeño	Chile serrano
Sal rosa	Tu sal favorita en menor cantidad
Espinaca	Cualquier hoja verde, como acelga o berza
Tostadas de nopal	Tostadas horneadas de maíz
Totopos de nopal	Totopos horneados de maíz
Lentejas	Garbanzos
Crema	Yogurt griego sin azúcar
Salmón	Pescado
Carne molida de res	Carne molida de pollo o pavo
Carne deshebrada	Pollo deshebrado
Almendras	Nuez

2 En mi blog www.pizcadesabor.com tengo un apartado de sustituciones de ingredientes en el cual te comparto 15 ingredientes que pueden ayudar a reemplazar el huevo en algunas recetas.

Mis recetas favoritas de este libro

Si es tu primera vez en el mundo de la cocina sana, te comparto las que pienso que deberías preparar primero. ¡Espero que disfrutes mucho todas las recetas y consejos!

1. Aderezo balsámico sin aceite
2. Cebollas encurtidas
3. Chorizo de coliflor
4. Agua de jamaica y fresa
5. Breakfast toast
6. Pan francés sano
7. Arroz tropical
8. Ensalada sin lechuga
9. Caldo apapachador
10. Sopa aguada con repollo
11. Brochetas árabes
12. Pescado a la mostaza
13. Pollo chino con vegetales
14. Salmón a la naranja
15. Salpicón de res
16. Tortitas de atún
17. Tostadas de ceviche de lentejas
18. Crepas de chocolate
19. Pepinos locos
20. Coffee cake de manzana

Recuerda compartirnos tu foto y etiquetarnos en Instagram como @pizcadesabor con el hashtag #cocinaconkarla para no perdernos de tus deliciosas creaciones.

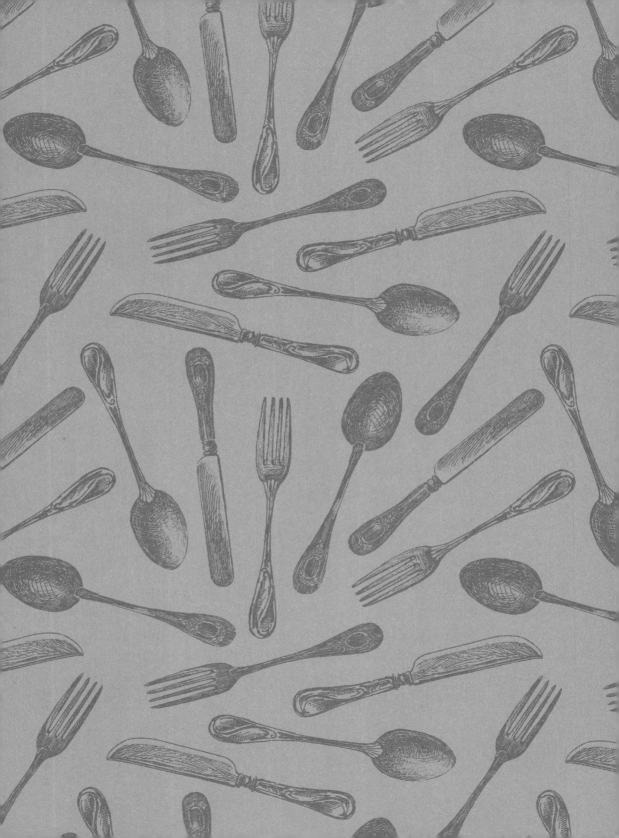

Recetas

Parte III

Reto smoothies para 14 días

Dedica sólo 10 minutos al día
a iniciar una vida sana

A inicios de 2018 se me ocurrió la idea de lanzar un reto gratuito de smoothies para mis seguidores. La idea era muy sencilla: sólo tenías que dedicar 10 minutos al día por 14 días, un cambio aparentemente insignificante que te permitiría incluir vegetales en tu día de una manera muy fácil, práctica y deliciosa y así comenzar a disfrutar los increíbles beneficios para tu salud.

El resultado me impresionó: más de 8 000 personas se registraron para participar y los testimonios que llegaron al finalizarlo me dejaron con el corazón lleno, pues daban fe de numerosos beneficios físicos, mentales y hasta de unión familiar. Recibimos tantas bendiciones y abrazos por emprender esta iniciativa gratuita que, sin duda, Dios y el universo nos compartieron algo de esa suerte y buenos deseos, porque a los pocos días de que el reto concluyó ¡me enteré de que estaba embarazada de nuestro primer hijo! Así, este reto que me dio la oportunidad de compartir con tantas personas los beneficios de los smoothies verdes me trajo también la mejor sorpresa de nuestras vidas, y por ello siempre será muy especial para mí.

Lo más curioso es cómo se acomodan las cosas. Ideé gran parte del material para el reto mientras trataba de encontrar el balance y sentirme bien. Cuando tengo mucho trabajo o estrés mi alimentación es lo primero que se deteriora y la manera más sencilla de volver al buen camino había sido agregando un smoothie a mi dieta cada día. Sólo con este cambio empecé a notar que me sentía con más energía y despertaba emocionada con la idea del nuevo smoothie que iba a preparar, qué nuevos ingredientes iba a usar y que eso, en conjunto, me ayudó a sentirme mucho mejor.

Si alguna vez también te has sentido así, te recomiendo que lo primero que hagas del libro sea este reto y después vayas a la lista de mis recetas favoritas en la página 45. Aquí también encontrarás las preguntas que pueden asaltarte al realizar el reto, con las respuestas que te ayudarán a llevarlo a cabo, así como todas las sustituciones que puedes hacer en los smoothies. Tienes que poner de tu parte para mejorar tu salud y cambiar de hábitos y para ello debes transformar de raíz tu manera de comer. Es lo que quiero mostrarte en estas semanas: incluir vegetales en tu día a día no tiene que ser complicado.

Antes de empezar

Esto no es un détox

Es importante que entiendas que no es una dieta de jugos o smoothies o algo parecido en la que sólo tomas líquidos. Esto es un complemento a tu dieta diaria, para que aprendas a incluir vegetales en tu día a día de una manera rápida, sencilla, práctica y deliciosa.

¿A qué hora me tomo el smoothie?

Lo ideal es tomarlo en las mañanas. El resto del día come y cena de manera habitual, sólo que con hábitos y comida más sanos para que veas los beneficios en tu cuerpo. Disfruta tu smoothie, tómalo despacio para percibir todos los sabores.

¿Desayuno o no?

Lo ideal con estos smoothies es que empieces tu día con un vaso de agua (puede ser fría, tibia o caliente) para que tu cuerpo se active, y a la hora que desayunas tomes tu smoothie. Espera 20 o 30 minutos y si todavía tienes hambre, acompaña el smoothie con un desayuno sano, como alguno de los

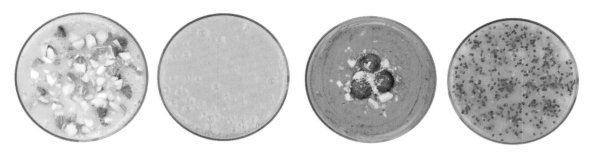

sweet toast de la página 141 o la *breakfast toast* en la página 139 del capítulo "Desayunos". Hay smoothies, como los que llevan avena, que hacen que te sientas más satisfecho, y hay otros más ligeros, como unos que puse para los fines de semana, que son perfectos para agregar más vegetales a tu dieta cotidiana.

Estoy embarazada o lactando, ¿puedo hacer este reto?

Sólo tienes que eliminar o sustituir cualquier ingrediente que te caiga mal o a tu bebé. Lo mejor será que lo consultes con tu médico y sigas sus indicaciones.

Tengo una enfermedad crónica o grave

Si tienes una condición física que no te permite consumir ciertos alimentos, debes consultar a tu médico y seguir sus indicaciones. Recuerda que tu salud es tu responsabilidad.

Tengo alergias o intolerancias a ciertos ingredientes

Omite los ingredientes que no puedas consumir o cámbialos por algunos de la lista de sustituciones.

Refrescos o aguas saborizadas o endulzadas con sustitutos de azúcar

Cámbialas por aguas naturales saborizadas sin azúcar, agua mineral con jugo de limón o naranja natural.

Azúcares refinados

No endulces tus smoothies con azúcar refinada. Queremos darle un respiro a nuestro cuerpo en estas dos semanas; para lograrlo es necesario darle el mejor alimento, muchos vegetales y sin tanta azúcar, porque crea adicción.

Comida chatarra

Como papitas, botanas grasosas y panecitos dulces empaquetados. Hay muchas opciones sanas para comer estas dos semanas, sólo tienes que abrir el libro y cocinar. Por ejemplo, mis totopos horneados de nopal son una excelente opción para quitarte el antojo de algo crujiente, y te lo dice una adicta confesa a las papas.

Dulces y golosinas

Si quieres algo dulce, busca chocolates con 70% cacao como una opción más sana. También puedes preparar las bolitas chocolatosas (página 259), las paletas de café (página 279) o los quinoa crispies (página 257), para quitarte el antojo de manera más natural. También puedes disfrutar de un smoothie en la tarde si te ayuda a quitarte el antojo de la comida chatarra.

Snacks no nutritivos

Cambia las barritas por fruta o verdura. Prepara mezclas: a mí me encanta mezclar zanahoria rallada con jícama en cubos chicos, cacahuates naturales, limón y chile en polvo. Así tienes un *snack* más sano y natural. Otra opción son los pepinos locos (página 253), el helado de fresa (página 283), las *crackers* de avena (página 255) y el sorbete de piña colada (página 281).

Busca las opciones más sanas durante todo el día

Sí se puede, sé que quieres cambiar de hábitos y ser una mejor versión de ti, así que cocina más sano, agrega más verduras a tu día y cena más ligero.

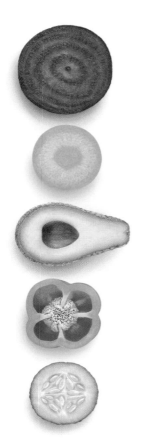

¡No te estreses durante estas dos semanas! Disfruta este camino y asume esto como algo paulatino, sobre todo si eres nuevo en la senda de lo saludable. Si tienes reuniones, disfruta con moderación, la vida es para disfrutarla y sentirte bien.

Para que este reto funcione mejor

Síguelo las 2 semanas completas

No lo dejes porque es fin de semana, pues los smoothies están acomodados pensando en esos días también. Como tendrás más tiempo de cocinar o de salir a comer, te puse smoothies que son más ligeros y que pueden complementar un desayuno. Recuerda respetar las porciones, pues es lo que te ayuda a darte tus gustitos durante el día. ¡Sí se puede!

Lleva una vida sana y toma mejores decisiones a la hora de comer

Si te falta inspiración de recetas saludables, échate un clavado en la sección de ensaladas y platos fuertes de este libro o visita mi blog www.pizcadesabor.com.

Haz ejercicio estas semanas, aunque sea por unos minutos

Incluye unos 3 días de ejercicio en tu rutina, aunque sea salir a caminar 15 a 30 minutos cerca de donde vives o utiliza videos de yoga o de pilates en internet. Lo único que quiero es que te muevas y que empieces a activarte más.

Agradece

A mí me gusta empezar mi día agradeciendo y es algo que me cambió la vida. Agradecer algo todos los días cambia tu mentalidad y te crea abundancia. Comenzarás a notar la diferencia, te sentirás más feliz, más contento y más lleno de vida y energía. Cuando estés en una situación difícil, busca el aprendizaje en vez de ver el lado negativo, cambiará tu manera de ver las cosas.

Sustituciones

Si no te gusta un ingrediente de un smoothie puedes omitirlo o reemplazarlo por alguno de esta lista.

Plátano	Mango congelado o pera congelada
Agua de coco	Agua natural
Toronja	Naranja
Chía	Linaza
Perejil	Cilantro, yerbabuena o menta
Nopal	Pepino
Leche de coco	Tu leche favorita
Mix de moras	Fresas o blueberries congeladas
Piña	Mango o durazno
Manzana	Pera
Crema de cacahuate	Crema de almendra
Crema de almendra	6 almendras
Aguacate	¼ de taza yogurt griego o de coco
Yogurt griego	Yogurt de coco
Papaya	No tiene sustitución, si no te gusta repite otro smoothie de la lista

Endulzantes

Quiero que te acostumbres al delicioso sabor natural de las frutas y verduras. Yo normalmente endulzo con estevia, pero puedes endulzar tus smoothies con cualquiera de estas opciones, siempre que evites el azúcar refinado:

- Estevia en polvo
- Estevia líquida
- Dátiles
- Miel de abeja
- Miel de maple

Calendario

DÍA 1
Smoothie Energía al 1000

DÍA 2
Smoothie Mango en el trópico

DÍA 3
Smoothie Chocolate te amo

DÍA 4
Smoothie Manzana verde

DÍA 5
Smoothie Moras para el desayuno

DÍA 6
Smoothie Pepino fresquito

DÍA 7
Smoothie Corazón morado

DÍA 1
Smoothie Verde cremosito

DÍA 2
Smoothie México bonito

DÍA 3
Smoothie Rosita blanquita

DÍA 4
Smoothie Vainilla mi matcha

DÍA 5
Smoothie Green oatmeal monster

DÍA 6
Smoothie Piña para la niña

DÍA 7
Smoothie para la panza

Lista de súper

Todos los smoothies que ves en el libro son para 1 persona y esta lista también lo es. Si más personas harán el reto contigo, tendrás que adecuar las cantidades.

Semana 1

FRUTAS Y VERDURAS
- ✓ Hojas verdes (5 ½ tazas)*
- ✓ Limones (2 piezas)
- ✓ Plátanos (2 piezas)
- ✓ Aguacate (1 pieza)
- ✓ Betabel chico (1 pieza)
- ✓ Manzana verde chica (1 pieza)
- ✓ Apio (1 varita)
- ✓ Jengibre (1 trozo pequeño)
- ✓ Perejil (½ manojo)
- ✓ Pepino (½ pieza grande)

CONGELADOS
- ✓ Piña (½ taza)**
- ✓ Mango (½ taza)**
- ✓ Mezcla de moras (½ taza)
- ✓ Fresas o Mezcla de moras (1 taza)

ABARROTES Y MÁS
- ✓ Té verde (1 bolsita)
- ✓ Semillas de chía (2 cucharadas)
- ✓ Crema de cacahuate o almendra (1 cucharada)
- ✓ Cocoa en polvo (1 cucharada)***
- ✓ Avena en copos u hojuelas (¼ de taza)
- ✓ Agua de coco (1 taza)
- ✓ Leche —tu favorita (3 tazas)
- ✓ Leche de coco (1 taza)

---

*   Hojas verdes como espinaca, acelga, kale o mezcla de varias de ellas.
**   Puedes comprar la piña y mango fresco, pelarla en casa y congelarla para usar en los smoothies.
***   Si no consigues cacao en polvo puedes reemplazar por cocoa en polvo.
**** Si no consigues cúrcuma en polvo la puedes omitir.

Semana 2

FRUTAS Y VERDURAS
- ✓ Hojas verdes (4 tazas)*
- ✓ Plátanos (3 piezas)
- ✓ Jengibre (1 trozo pequeño)
- ✓ Limón (1 pieza)
- ✓ Aguacate (¼ de pieza)
- ✓ Nopal limpio (1 taza o 1 penca grande)
- ✓ Toronja o naranja (1 pieza)
- ✓ Apio (4 tallos)
- ✓ Perejil (½ manojo)
- ✓ Piña (1 taza)
- ✓ Papaya chica (¼ de pieza)

CONGELADOS
- ✓ Piña (1 taza)**
- ✓ Mango (1 taza)**
- ✓ Fresas (5 fresas)
- ✓ Coliflor (¼ de taza)

ABARROTES Y MÁS
- ✓ Avena en copos u hojuelas (¼ de taza)
- ✓ Extracto de vainilla (2 cucharaditas)
- ✓ Crema de cacahuate o almendra (1 cucharada)
- ✓ Té matcha (½ cucharadita) o té verde (1 bolsita)
- ✓ Canela molida (¼ de cucharadita)
- ✓ Semillas de chía (1 cucharadita)
- ✓ Cúrcuma molida o en polvo (¼ de cucharadita)****
- ✓ Yogurt griego sin azúcar (1 bote de 150 g)
- ✓ Leche —tu favorita (3 tazas)
- ✓ Leche de almendra (1 taza)

Smoothie Energía al 1000

Porciones: 1 porción

Quiero empezar el reto con este smoothie que es una combinación deliciosa de ingredientes. Que no te dé miedo usar aguacate en tus smoothies, no le da un sabor raro; en cambio, nos aporta muchos beneficios y además hace que quede cremoso y delicioso.

INGREDIENTES

- 1 taza de hojas verdes
- 1 taza de té verde frío
- ½ taza de piña congelada
- ¼ de aguacate, pelado y sin hueso
- 1 cucharada de jugo de limón
- ¼ de cucharadita de semillas de chía
- Endulzante, al gusto

ELABORACIÓN

1 Licua todos los ingredientes hasta que no queden grumos.

2 Prueba de sabor y endulza si lo prefieres, pruébalo siempre primero solo.

3 Si lo quieres más *frappe* agrega hielo al gusto, si lo quieres más líquido agrega un poco de agua o leche (tu favorita) al gusto.

Pizca de sabor

Prepara una noche antes el té verde. Sólo infusiona 1 taza de agua caliente con la bolsa de té verde por unos 2 a 3 minutos y deja enfriar, ya sea a temperatura ambiente o en el refrigerador.

Smoothie
Mango en el trópico

**Porciones:
1 porción**

Éste es el único smoothie en el que recomiendo un tipo de leche específico. Lo imaginé con leche de coco para hacer una versión tropical con el mango. Su sabor es ligero y es perfecto si apenas te inicias en esto de los smoothies verdes.

INGREDIENTES

- ½ taza de mango congelado
- 1 taza de hojas verdes
- 1 taza de leche de coco
- 1 cucharadita de semillas de chía o linaza
- Hielos, opcional
- Endulzante, opcional

ELABORACIÓN

1 Licua todos los ingredientes hasta que no queden grumos.
2 Prueba de sabor y endulza si lo prefieres, pruébalo siempre primero solo.
3 Si lo quieres más *frappe* agrega hielo al gusto, si lo quieres más líquido agrega un poco de agua o leche (tu favorita) al gusto.

Pizca de sabor

Si no te gusta la leche de coco reemplázala por tu leche favorita. Para esta receta yo uso leche de coco de Tetra Pack, la de lata la uso más que nada para cocinar.

Smoothie Chocolate te amo

Porciones: 1 porción

Te doy un poco de descanso del color verde. El color de este smoothie puede no ser el más bonito de todos pero te aseguro que su delicioso sabor es ideal para esos días en los que tienes antojo de algo más dulce o de chocolate.

INGREDIENTES

- 1 plátano congelado
- 1 cucharada de crema de cacahuate
- 1 taza de leche (tu favorita)
- 1 ½ cucharadas de cocoa en polvo
- ½ taza de hojas verdes
- 2 a 3 hielos o al gusto
- Endulzante, opcional

ELABORACIÓN

1 Licua todos los ingredientes hasta que no queden grumos.
2 Prueba de sabor y endulza si lo prefieres, pruébalo siempre primero solo.
3 Si lo quieres más *frappe* agrega hielo al gusto, si lo quieres más líquido agrega un poco de agua o leche (tu favorita) al gusto.

Pizca de sabor

Reemplaza la cocoa en polvo por cacao en polvo.

Smoothie
Manzana verde

**Porciones:
1 porción**

Éste es un smoothie fresco, ya que la base es de agua en vez de leche, y que te dará mucha energía. Te hará sentir que estás nutriendo tu cuerpo.

INGREDIENTES

- 1 manzana verde chica, sin semillas
- 1 ½ tazas de hojas verdes
- 1 varita de apio en trozos
- 1 puño de perejil
- 1 cm de jengibre
- 1 taza de agua
- Hielos, opcional
- Limón, al gusto
- Endulzante, opcional

ELABORACIÓN

1. Licua todos los ingredientes hasta que no queden grumos.
2. Prueba de sabor y endulza si lo prefieres, pruébalo siempre primero solo.
3. Si lo quieres más *frappe* agrega hielo al gusto, si lo quieres más líquido agrega un poco de agua o leche (tu favorita) al gusto.

Pizca de sabor
Este smoothie hace espuma, así que sirve y deja reposar un poco para que puedas retirar la que se forma arriba.

Smoothie
Moras para el desayuno

**Porciones:
1 porción**

Éste es de los smoothies más completos del reto y es perfecto para reemplazar un desayuno. Eso sí, el color no es el más atractivo, pero no le hagas el feo a este gran smoothie que está lleno de nutrientes e ingredientes que te dejarán satisfecho.

INGREDIENTES

- 1 taza de hojas verdes
- ½ taza de moras azules congeladas
- ½ plátano congelado
- 1 taza de leche (tu favorita)
- ¼ de taza de avena en hojuelas o copos
- ½ cucharada de semillas de chía
- Endulzante, al gusto

ELABORACIÓN

1 Licua todos los ingredientes hasta que no queden grumos.
2 Prueba de sabor y endulza si lo prefieres, pruébalo siempre primero solo.
3 Si lo quieres más *frappe* agrega hielo al gusto, si lo quieres más líquido agrega un poco de agua o leche (tu favorita) al gusto.

Pizca de sabor

Si te cae pesada la avena o te infla, remoja los copos de avena una noche antes en agua, deja reposar en la cocina a temperatura ambiente. Al día siguiente tira el agua, enjuaga un poco y úsala en la receta

Smoothie Pepino fresquito

Te puse este smoothie ligero el fin de semana, pues es uno de los más ligeros y es perfecto para que puedas acompañar tu desayuno. Lo ideal es tomarlo y esperar 20 a 30 minutos para ver si te llenas. Acompaña con alguna receta del capítulo de "Desayunos".

INGREDIENTES

- 1 taza de hojas verdes
- 1 puño de perejil o yerbabuena
- ½ pepino, pelado y sin semillas
- 1 cm de jengibre
- 1 taza de agua de coco
- 1 limón (su jugo)
- Endulzante, opcional

ELABORACIÓN

1. Licua todos los ingredientes hasta que no queden grumos.
2. Prueba de sabor y endulza si lo prefieres, pruébalo siempre primero solo.
3. Si lo quieres más *frappe* agrega hielo al gusto, si lo quieres más líquido agrega un poco de agua o leche (tu favorita) al gusto.

Pizca de sabor

Este smoothie hace espuma, así que sirve y deja reposar un poco para que puedas retirar la que se forma arriba.

Smoothie Corazón morado

**Porciones:
1 porción**

El color de este smoothie es hermoso e intenso. Como en el otro smoothie, el aguacate le da textura y lo hace muy cremoso. Aunque se te haga extraña la combinación, ¡queda deliciosa!

INGREDIENTES

- 1 betabel chico o ½ taza de betabel cocido
- 1 taza de moras o fresas congeladas
- 1 taza de leche (tu favorita)
- ¼ a ½ taza de agua
- ¼ de aguacate chico, pelado y sin hueso
- Endulzante, opcional

ELABORACIÓN

1 Licua todos los ingredientes hasta que no queden grumos.
2 Prueba de sabor y endulza si lo prefieres, pruébalo siempre primero solo.
3 Si lo quieres más *frappe* agrega hielo al gusto, si lo quieres más líquido agrega un poco de agua o leche (tu favorita) al gusto.

Pizca de sabor

Si tienes una licuadora potente puedes colocar el betabel crudo sin problema. Si no, lo mejor es usar betabel cocido de un día o días antes para que la textura quede rica.

Smoothie Verde cremoso

Uno de los smoothies verdes más clásicos pero cuyo sabor es excelente. Creo que siempre es bueno tener un smoothie verde base y creo que esta receta es eso, una base a la cual le puedes agregar más superalimentos o *superfoods* para darle un toque especial y tuyo.

INGREDIENTES

- ½ plátano congelado
- ¼ de aguacate, pelado y sin hueso
- 1 taza de hojas verdes
- 1 taza de leche (tu favorita)
- 3 hielos
- Endulzante, opcional

ELABORACIÓN

1 Licua todos los ingredientes hasta que no queden grumos.
2 Prueba de sabor y endulza si lo prefieres, pruébalo siempre primero solo.
3 Si lo quieres más *frappe* agrega hielo al gusto, si lo quieres más líquido agrega un poco de agua o leche (tu favorita) al gusto.

Pizca de sabor

Agrega matcha en polvo, espirulina o colágeno en polvo para darle un extra de nutrientes a esta receta. Si lo quieres hacer más completo, agrega ¼ de taza de avena en hojuelas.

Smoothie México bonito

Porciones:
1 porción

Un smoothie para festejar a nuestro hermoso país, ¡México! Yo soy fan del nopal en todas sus presentaciones: en tacos o ensaladas, en aguas frescas, smoothies y más. Si no encuentras nopal (sé que en muchos países no lo van a encontrar) lo mejor será que omitas este smoothie y repitas otro de los días pasados.

ELABORACIÓN

1 Licua todos los ingredientes hasta que no queden grumos.
2 Prueba de sabor y endulza si lo prefieres, pruébalo siempre primero solo.
3 Si lo quieres más *frappe* agrega hielo al gusto, si lo quieres más líquido agrega un poco de agua o leche (tu favorita) al gusto.

INGREDIENTES

- 1 taza de piña, pelada y en cubos
- 1 taza de nopal, limpio
- ½ toronja o naranja, su jugo
- 2 ramitas de apio
- 2 ramitas de perejil
- ½ taza de agua o al gusto
- Hielos, opcional
- Endulzante, opcional

Pizca de sabor

El secreto para que el smoothie no quede con textura babosa por el nopal es licuar durante mucho tiempo. Otra manera es congelar el nopal en cubitos. Yo prefiero la primera opción.

Smoothie Rosita blanquita

Porciones: 1 porción

No te asustes, sé lo que dice la receta, coliflor. Si te da miedo o si te cae pesada, no la incluyas y disfruta este smoothie de fresa y plátano como descanso de los "verdes". Si te animas, licua durante bastante tiempo para que no queden grumos. Es importante que uses coliflor congelada porque le da una textura de *frappe* al smoothie.

INGREDIENTES

- 5 fresas congeladas
- ½ plátano congelado
- ½ taza de coliflor cocida y congelada
- ¼ de cucharadita de canela molida
- ½ cucharadita de vainilla
- 1 taza de leche (tu favorita)
- 1 cucharadita de semillas de chía
- Endulzante, opcional

ELABORACIÓN

1. Licua todos los ingredientes hasta que no queden grumos.
2. Prueba de sabor y endulza si lo prefieres, pruébalo siempre primero solo.
3. Si lo quieres más *frappe* agrega hielo al gusto, si lo quieres más líquido agrega un poco de agua o leche (tu favorita) al gusto.

 pizcadesabor `Seguir`

María del Carmen H. Hola Karla, sólo quería decirte por este medio que estoy encantada con el reto, solía salir corriendo al trabajo sin nada en el estómago, al estar tomando los smoothies me di cuenta que al ser lo primero, me siento mucho más satisfecha durante el día, con energía y de mucho mejor humor, ya sólo complemento con alguna proteína y después mi *snack* de media mañana. ¡Muchísimas gracias por enseñarnos a nutrir el cuerpo con sólo 10 minutos!

Pizca de sabor
El smoothie queda mejor si lo disfrutas justo después de que lo preparaste, pues si lo tapas y lo dejas reposar puede tomar un olor y sabor fuerte por la coliflor.

Smoothie Vainilla mi matcha

Porciones: 1 porción

Si tuviera que escoger uno de mis smoothies favoritos de este reto creo que éste es uno de mi top 3. Si no tienes té matcha, prepara un té verde en el agua que pide la receta (½ taza y 1 bolsa de té verde por 2 a 3 minutos). Prepáralo desde la noche anterior para que esté frío al día siguiente.

INGREDIENTES

- 1 taza de mango congelado
- 1 taza de hojas verdes
- 150 g yogurt griego sin azúcar
- ½ taza de agua
- 1 cucharadita de extracto de vainilla
- ½ cucharadita de matcha en polvo
- 3 hielos
- Endulzante, opcional

ELABORACIÓN

1 Licua todos los ingredientes hasta que no queden grumos.
2 Prueba de sabor y endulza si lo prefieres, pruébalo siempre primero solo.
3 Si lo quieres más *frappe* agrega hielo al gusto, si lo quieres más líquido agrega un poco de agua o leche (tu favorita) al gusto.

Pizca de sabor

Si no consumes lácteos, cambia el yogurt griego por yogurt de coco o de soya. Si no consigues, cambia el yogurt y el agua por 1 taza de leche (tu favorita). Aunque la textura y sabor no serán iguales, quedará rico.

Smoothie Green oatmeal monster

Porciones: 1 porción

Esta receta también es un desayuno completo debido a la mezcla de plátano, avena, crema de cacahuate o almendra y hojas verdes. Te dejará muy satisfecho.

INGREDIENTES

- 1 plátano congelado
- 1 taza de hojas verdes
- 1 cucharada de crema de cacahuate
- 1 taza de leche (tu favorita)
- ¼ de taza de hojuelas o copos de avena
- Endulzante, opcional

ELABORACIÓN

1 Licua todos los ingredientes hasta que no queden grumos.
2 Prueba de sabor y endulza si lo prefieres, pruébalo siempre primero solo.
3 Si lo quieres más *frappe* agrega hielo al gusto, si lo quieres más líquido agrega un poco de agua o leche (tu favorita) al gusto.

pizcadesabor | Seguir

Claudia R. Disfruté mucho este reto! Muchas gracias Karla, aprendí a hacer smoothies, probar diferentes sabores, y sobre todo noté los beneficios que aportan: piel más saludable, mejor digestión, mejor humor, sentirse ligero. ¡Y te agradezco porque lograste que mi hija adolescente los probara! ¡Mil gracias y bendiciones!

Pizca de sabor
Si te cae pesada la avena o te infla, remoja los copos de avena una noche antes en agua, deja reposar en la cocina a temperatura ambiente. Al día siguiente tira el agua, enjuaga un poco y úsala en la receta.

Smoothie Piña para la niña

**Porciones:
1 porción**

Ya casi lo logras, es el último smoothie de color verde del reto, ¡te dije que todo pasaría rápido! Te pongo éste para el fin de semana porque es más ligero, en caso de que quieras aprovechar el tiempo libre y preparar junto con tu smoothie algo saludable y delicioso del capítulo de "Desayunos".

INGREDIENTES

- 1 taza de piña congelada, en cubos
- 2 ramitas de apio, en trozos
- 1 taza de hojas verdes
- 1 taza de agua
- 1 cm de jengibre
- Limón, al gusto
- Hielos, opcional
- Endulzante, opcional

ELABORACIÓN

1 Licua todos los ingredientes hasta que no queden grumos.
2 Prueba de sabor y endulza si lo prefieres, pruébalo siempre primero solo.
3 Si lo quieres más *frappe* agrega hielo al gusto, si lo quieres más líquido agrega un poco de agua o leche (tu favorita) al gusto.

Pizca de sabor

Puedes cambiar el agua por leche de coco o por un té verde. Con la leche de coco quedaría más cremoso y con sabor tropical.

Smoothie para la panza

**Porciones:
1 porción**

Terminamos el reto con este smoothie que te ayuda a la digestión gracias a que su base es papaya. Si quieres que sea verde, agrega 1 taza de hojas verdes. ¡Muchas felicidades por hacer este reto conmigo y por hacer un cambio en tu salud!

INGREDIENTES

- ¼ de papaya chica, pelada y sin semillas
- 1 taza de agua o leche (tu favorita)
- ⅛ de cucharadita de cúrcuma molida, opcional
- 4 hielos
- ½ limón, su jugo
- Endulzante, opcional

ELABORACIÓN

1. Licua todos los ingredientes hasta que no queden grumos.
2. Prueba de sabor y endulza si lo prefieres, pruébalo siempre primero solo.
3. Si lo quieres más *frappe* agrega hielo al gusto, si lo quieres más líquido agrega un poco de agua o leche (tu favorita) al gusto.

 pizcadesabor `Seguir`

Paola F. Estoy súper feliz y agradecida por esta iniciativa de educar en salud. Creía comer bien, pero es impresionante lo poco que consumimos frutas y verduras. Al conocer estas recetas… ¡me doy cuenta, por los resultados, que es posible y rico incluir más! En casa nos llenamos de energía y yo retomé mi yoga que había dejado por "falta de tiempo", porque despierto feliz sin preocuparme de no alcanzar a desayunar ¡y mi día sigue fluyendo sin prisas! Tu motivación fue el ingrediente principal <3

 **Pizca de sabor**

Si quieres que este smoothie sea más completo, agrega ¼ de taza de hojuelas o copos de avena y omite el jugo de limón.

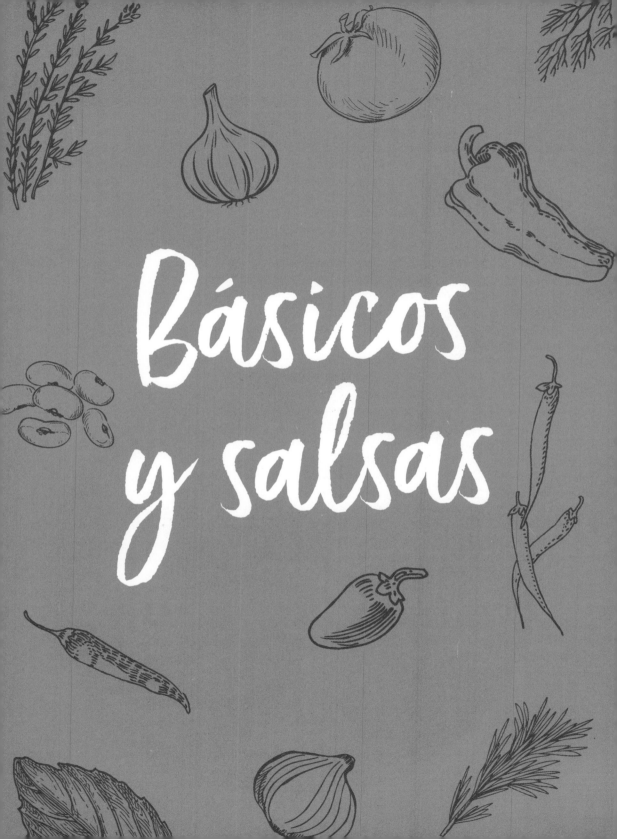

Básicos y salsas

Mermelada de frutos rojos con chía

Porciones:
1 ¼ tazas

Hacer mermelada en casa es tan sencillo que después de probarla querrás tener siempre un poco en el refrigerador. La chía nos aporta textura y además la hace mucho más nutritiva. No te quedes sin probarla y úsala como base para otros sabores de mermeladas.

INGREDIENTES

- 3 tazas de mezcla de frutos rojos
- 3 cucharadas de miel de abeja o maple
- 1 cucharada de semillas de chía
- ½ cucharadita de extracto de vainilla

Pizca de sabor

Reemplaza la miel de abeja o maple por tu endulzante favorito. Me encanta hacerla con *monk fruit*, ya que es una opción más ligera. Si usas un endulzante no líquido, agrega 3 cucharadas de agua a la fruta para que consigas una mejor consistencia.

ELABORACIÓN

1 Lava los frutos rojos. Puedes usar una mezcla de fresas, moras azules, frambuesas, zarzamoras o bien usar sólo una fruta. Si usas frutos rojos congelados, asegúrate de que estén completamente descongelados antes de comenzar a cocinar. Yo hago la receta con fruta congelada para disponer de ella en todo el año.

2 Coloca los frutos rojos en una olla mediana con la miel de maple y aplástalos con un tenedor o machacador de frijoles. Cocina a fuego medio bajo durante 5 minutos, mezclando de vez en cuando.

3 Agrega las semillas de chía, incorpora bien y cocina por 5 a 6 minutos o hasta que la mezcla tenga la consistencia de tu predilección. Mezcla de vez en cuando para que no se quede pegada en la olla.

4 Agrega el extracto de vainilla y prueba todo para ver si está suficientemente dulce. Si te gusta más dulce, agrega más miel o tu endulzante favorito.

5 Retira la mezcla del fuego y deja enfriar por completo. Guárdala en un recipiente de vidrio con tapa en el refrigerador. Como esta mermelada no utiliza métodos de conserva y de esterilización, te durará de 1 a 2 semanas si la mantienes en refrigeración. Si te gusta muy tersa, licua o tritura con la batidora manual hasta que consigas tu textura preferida.

Hummus

Porciones: 1 taza

¡Sólo necesitas cinco ingredientes para preparar un delicioso hummus en casa! Para servir como *snack* sano, como sustituto de mayonesa en sándwiches, como entrada o como botana en una reunión, ésta es una preparación muy versátil que te sacará de apuros.

INGREDIENTES

- 1 taza de garbanzos cocidos
- 3 cucharadas de tahini (pasta de semillas de ajonjolí o sésamo)
- 1 cucharada de aceite de oliva
- 1 diente de ajo, pelado
- 1 a 2 limones
- Agua, al gusto
- Sal y pimienta negra, al gusto

ELABORACIÓN

1 Coloca los garbanzos en el procesador de alimentos y pulsa hasta triturarlos. Agrega el ajo, tahini, aceite de oliva y jugo de limón. Sazona al gusto con sal y pimienta.

2 Procesa hasta que todo tenga una consistencia muy tersa y suave. Tal vez tengas que parar, mezclar y continuar triturando para eliminar los grumos.

3 Si quieres una consistencia más suave, agrega un poco de agua, más jugo de limón o aceite de oliva. Sirve con pan pita, tostadas o vegetales y decora, si lo prefieres, con aceite de oliva, hierbas picadas, garbanzos rostizados o cocidos, piñones, zatar o con lo que más se te antoje.

4 Tápalo y refrigera. Se conservará durante dos semanas.

Pizca de sabor

Prueba estas variaciones:

- **Al chipotle:** agrega 1 o 2 chiles chipotles.
- **Al cilantro:** agrega ½ taza hojas de cilantro y un poco de jugo de limón extra.
- **Color amarillo:** agrega 1 cucharadita de cúrcuma o de curry en polvo.
- **Color rosa:** agrega ½ taza de betabel cocido.
- **Pimiento rojo:** agrega ½ taza de pimiento rojo asado + ½ cucharadita de paprika.
- **Estilo alitas:** agrega 2 cucharadas de la salsa *buffalo* (página 83).
- **Sin tahini:** reemplaza la tahini por crema de cacahuate o de almendra sin endulzar.

Pesto sin lácteos

Porciones:
¾ de taza

Quería compartirte una receta de pesto para aprovechar la espinaca antes de que se descomponga. Esta deliciosa opción sin lácteos queda exquisita con pastas, sándwiches, pizza o como *topping* en sopas y caldos. Agrega una cucharada en la sopa de lentejas justo antes de servir, ¡te sorprenderá la combinación de sabores!

INGREDIENTES

- 2 tazas de hojas de espinaca
- ½ taza de hojas de albahaca
- ¼ de taza de almendras
- 3 cucharadas de agua
- 2 cucharadas de aceite de oliva
- 1 diente de ajo, pelado
- 1 cucharada de jugo de limón
- Sal y pimienta, al gusto

ELABORACIÓN

1 Lava las hojas de espinaca y albahaca.
2 Coloca en el procesador de alimentos la albahaca, la espinaca, las almendras, el ajo y el jugo de limón. Procesa un poco y agrega el aceite de oliva hasta que todos los ingredientes estén muy bien incorporados y todo quede con una consistencia lisa.
3 Sazona al gusto con sal y pimienta. Agrega poco a poco más jugo de limón, aceite de oliva o agua hasta que obtengas la consistencia deseada. Puedes reemplazar el agua por aceite de oliva o de aguacate si prefieres más intenso el sabor. Yo agrego menos aceite para hacerlo más saludable.
4 Guarda el pesto en un recipiente tapado en el refrigerador y úsalo durante la siguiente semana. Aprovecha para preparar la pasta con pesto (página 213) o la pizza de coliflor (página 245).

Pizca de sabor

Para que el pesto dure más tiempo, rellena con él un molde para hielos. Cuando los cubitos estén completamente congelados, desmóldalos y guárdalos en una bolsa con cierre resellable o un recipiente para congelador. Así podrás sacar sólo lo que necesitas y el pesto te durará 2 o 3 meses.

Chile en polvo

Porciones: ¼ de taza

El chile en polvo es básico en la casa de los mexicanos. Esta opción, más natural que las disponibles en supermercados —llenas de aditivos, colorantes y azúcar— te permite controlar la cantidad de sal de tu chilito en polvo.

INGREDIENTES

- 4 chiles guajillos
- 8 chiles de árbol secos
- 2 limones chicos
- Sal, al gusto
- Estevia o *monk fruit*, al gusto

ELABORACIÓN

1 Cubre los chiles con el jugo de limón y deja reposar unos 5 minutos.

2 Coloca en una bandeja para hornear sin ponerlos unos encima de otros. Cocina de 12 a 18 minutos a 150°C, para secar los chiles. Deben estar completamente secos o no podrás triturarlos bien.

3 Una vez que estén secos, sácalos del horno y déjalos enfriar.

4 Retírales las semillas y colócalos en la licuadora o el procesador de alimentos junto con la sal. Yo usé ¼ de cucharadita de sal rosa del Himalaya, con la que normalmente cocino en mi casa, pero si usas sal de mar, la cantidad debe ser menor, ya que el sabor es más fuerte.

5 Licua o procesa hasta que quede bien triturado y guárdalo en un recipiente con tapa en la alacena. Podrás usarlo con todo: fruta picada, vegetales o como sazonador de pollo, pescado o salmón. Yo lo usé en el pescado con chile (página 219) y los pepinos locos (página 253).

Pizca de sabor

Le puedes dejar las semillas a los chiles si prefieres que su sabor sea más picante. A mí me gusta retirarlas, pero lo dejo a tu elección. Si eres de los que lo prefiere muy picoso, agrega más chile de árbol y menos chile guajillo. Si lo quieres más dulce, entonces agrega un poco de estevia o *monk fruit* junto con la sal.

Salsa picante o buffalo

Porciones:
⅓ de taza

Me encantan las salsas de chile a base de vinagre. Ésta es una receta casera para servir con las alitas o *boneless*, ya sea los tradicionales de pollo o los veganos de coliflor que también encontrarás aquí. No te toma mucho tiempo prepararla y si te gusta cocinar seguro que ya tienes todos los ingredientes en tu alacena. ¡Qué esperas, te encantará!

INGREDIENTES

- ⅓ de taza de vinagre de manzana
- 1 cucharada de chile de árbol triturado
- 1 cucharadita de paprika o pimentón molido
- 1 cucharadita de ajo molido
- ½ cucharada de aceite de oliva
- ½ cucharadita de cebolla en polvo
- ½ cucharadita de pimienta de cayena molida
- ½ cucharadita de miel de abeja o agave
- Sal al gusto

ELABORACIÓN

1 Mezcla todos los ingredientes con un batidor globo y coloca la mezcla en una olla pequeña.

2 Cocina a fuego medio durante unos 3 a 4 minutos o hasta que la combinación espese ligeramente. Para una salsa más picante agrega más pimienta de cayena o bien una mezcla de chile de árbol molido y pimienta de cayena hasta obtener el sabor picante deseado. Yo usé ¼ de cucharadita de sal rosa del Himalaya.

3 Deja enfriar y guarda en un recipiente con tapa en el refrigerador. Usa con la papa rellena de pollo *buffalo* de la página 205, con totopos o papitas, con huevo y con pollo para hacer *boneless* "auténticos" o veganos con coliflor.

Pizca de sabor

Aprovecha esta salsa y prepara un aderezo *buffalo ranch* cremoso, ideal para disfrutar con una deliciosa ensalada. Mezcla yogurt griego sin endulzar con salsa picante al gusto. Sazona con jugo de limón, ajo en polvo, cebolla en polvo, sal y pimienta, según consideres.

Aderezo de cilantro

Porciones: 1 taza

De los aderezos que más preparamos en la casa. Me encanta servirlo con ensaladas, flautas o tacos dorados, sopes, con pollo o salmón, en *bowls* de vegetales y arroz o quinoa. Un aderezo muy versátil y que te sacará de apuros, porque lo preparas en menos de cinco minutos.

INGREDIENTES

- 1 bote de yogurt griego sin endulzar (150 g)
- 2 tazas de cilantro (1 manojo)
- ¼ de taza de jugo de limón
- 4 rodajas de chiles en escabeche, opcional
- 2 cucharadas de vinagre de chiles en escabeche, opcional
- Sal y pimienta, al gusto
- Estevia, al gusto

ELABORACIÓN

1 Lava el cilantro bajo el chorro de agua y corta las hojas. Puedes dejar los tallos, de hecho le da un sabor más pronunciado a cilantro.
2 Coloca el yogurt griego en el vaso de la licuadora con cilantro, jugo de limón, vinagre de chiles en escabeche y chiles. Sazona al gusto con sal, pimienta y estevia, que me gusta usar porque ayuda a contrarrestar la acidez del aderezo y lo picante del chile. Si lo van a comer niños, puedes omitir los jalapeños y el vinagre de los chiles, que usamos sólo para dar un ligero sabor picante.
3 Si notas que el aderezo está muy espeso, agrega un poco de agua y licua más. Ve agregando poco a poco hasta que quede con tu consistencia preferida.

Pizca de sabor

Si no consumes lácteos, usa yogurt de coco o vegano. También puedes reemplazar el yogurt con ¼ de taza de aceite de oliva. No quedará tan cremoso, pero sabrá increíble.

Aderezo ranch casero

**Porciones:
1 taza**

El eneldo y cebollín le dan un sabor más clásico a este aderezo *ranch* en su versión saludable. No te preocupes si no los consigues, porque aun así te quedará muy rico. Por practicidad me gusta tener estas dos hierbas en su versión seca: se preservan por más tiempo y así puedes preparar este aderezo en cuestión de minutos.

INGREDIENTES

- 1 taza de yogurt griego natural sin azúcar
- 2 cucharadas de perejil picado
- 1 cucharadita de vinagre blanco
- 1 cucharada de cebollín picado, opcional
- ½ cucharadita de eneldo seco
- ¼ de cucharadita de ajo en polvo
- ¼ de cucharadita de cebolla en polvo
- 1 cucharada jugo de limón
- Sal y pimienta, al gusto

ELABORACIÓN

1 Pica finamente el perejil. Para esta receta yo uso eneldo y cebollín seco. Si los prefieres frescos, duplica la cantidad a usar.
2 Mezcla el yogurt griego sin azúcar con el perejil, vinagre, cebollín, eneldo, ajo en polvo, cebolla en polvo y jugo de limón, y sazona al gusto con sal y pimienta. La cantidad de limón dependerá de la acidez o dulzura del yogurt que elijas.
3 Si te gusta más ácido, agrega más jugo de limón, al gusto.
4 Sirve de inmediato o refrigera hasta que lo vayas a servir. Podrás disfrutarlo en los siguientes 5 días con tu platillo favorito, desde ensaladas, como *dip* con vegetales o papas, con *boneless* o alitas, o como más se te antoje. Yo lo usé con la papa rellena de pollo *buffalo* (página 205).

Pizca de sabor

Si no puedes consumir lácteos, reemplaza el yogurt griego por yogurt de coco o vegano y ajusta la cantidad de limón a usar, ya que algunos yogurts de coco naturales son muy ácidos y tal vez tanto limón no sea necesario.

Aderezo de mostaza dulce

Porciones: ⅓ de taza

Tardas 5 minutos en preparar este aderezo que le va perfecto a muchísimas ensaladas. A mí me encanta con una mezcla de lechugas o espinaca, arándanos secos, nuez picada, manzana verde picada y un poco de queso de cabra, ¡tienes que probarlo!

INGREDIENTES

- ¼ de taza de aceite de aguacate o de oliva
- 2 cucharadas de vinagre blanco o de vino blanco
- 2 cucharadas de miel de abeja o de maple
- 1 ½ cucharadas de mostaza amarilla
- ¼ de cucharadita de orégano seco, opcional
- Ajo y cebolla en polvo, al gusto
- Sal y pimienta, al gusto

ELABORACIÓN

1. En un recipiente de vidrio con tapa o *mason jar* agrega todos los ingredientes y sazona al gusto con sal, pimienta, ajo y cebolla en polvo.
2. Mezcla o agita muy bien y verifica el sazón. Si te gusta más ácido, agrega más vinagre o jugo de limón; si te gusta más dulce, agrega más miel de abeja o de maple.
3. Guarda en el refrigerador para las siguientes dos semanas. Antes de servir, mezcla de nuevo.

Pizca de sabor

Puedes usar mostaza Dijon en vez de mostaza amarilla, o bien una mezcla de ambas. Si estás tratando de bajarle al azúcar reemplaza la miel de abeja o maple por estevia o *monk fruit* al gusto. Puedes disolver el endulzante elegido en una cucharadita de agua caliente antes de agregar al aderezo.

Aderezo balsámico sin aceite

Porciones: ½ taza

Uno de los aderezos favoritos de quienes participan en nuestro reto de alimentación Renuévate, en la academia en línea de Pizca de Sabor.[3] Por ser un aderezo sin aceite o bajo en calorías, nos permite agregarlo de forma más libre, especialmente si estás tratando de perder peso.

INGREDIENTES

- ¼ de taza de vinagre balsámico
- ¼ de taza de agua
- 2 cucharadas de mostaza Dijon
- ½ cucharadita de ajo en polvo
- ½ cucharadita de cebolla en polvo
- 1 cucharadita de albahaca seca
- Estevia, al gusto
- Sal y pimienta, al gusto

ELABORACIÓN

1. En un recipiente con tapa o *mason jar* mezcla todos los ingredientes y sazona al gusto con sal, pimienta y estevia o *monk fruit*.

2. Usamos estevia para endulzar y contrarrestar el sabor ácido que le aporta el vinagre de manzana y la mostaza Dijon. Yo uso ¼ de cucharadita en polvo, aunque la cantidad depende de cada marca. Si usas estevia líquida, la cantidad será menor. Lo más fácil es decidir al probar poco a poco.

3. Mezcla bien y guarda en el refrigerador. Durante las siguientes dos semanas podrás usarlo con tus ensaladas favoritas.

Pizca de sabor

Cambia la mostaza Dijon por mostaza amarilla. Puedes usar hierbas frescas si así lo prefieres, sólo duplica la cantidad que dice la receta. Para un aderezo más natural y sano, usa vinagre de manzana orgánico con la cepa madre: es mucho más sano y aporta muchos beneficios a nuestra salud, como reducir el estreñimiento o ayudarnos en la pérdida de peso.

3 Conoce más en www.academiapds.com

Crema de cacahuate

Porciones: ¾ de taza

Sólo necesitas un procesador de alimentos para preparar tu crema de cacahuate en casa. Así controlas la cantidad de azúcar que lleva la receta y evitas usar aceites extra. Te comparto la versión natural y abajo descubrirás 4 sabores distintos que te fascinarán.

INGREDIENTES

- 2 tazas de cacahuates, rostizados sin sal
- 1 pizca de sal, opcional
- Estevia en polvo o *monk fruit*
- Extracto de vainilla, opcional
- Aceite de coco o de cacahuate, opcional

Pizca de sabor

Prueba estas variaciones:

- **Sabor chai:** agrega ⅛ de cucharadita de canela, cardamomo, clavo y jengibre.
- **Sabor canela:** agrega 1 cucharadita de canela molida.
- **Linaza y chía:** agrega 1 cucharadita de semillas de chía y 1 de semillas de linaza.
- **Sabor chocolate:** agrega ½ taza de chocolate semiamargo picado o en chispas. No hay necesidad de derretirlo.

ELABORACIÓN

1 Si no encuentras cacahuates tostados, rostiza los cacahuates naturales pelados en el horno a 180°C durante 5 minutos, sobre una bandeja para hornear. Puedes hacerlo en un sartén a fuego medio o bajo, hasta que tomen un color caramelo.

2 Enfría por completo antes de continuar o de lo contrario el calor o vapor no dejará que salgan los aceites naturales del cacahuate. Colócalos fríos en el procesador de alimentos y pulsa hasta que se forme una pasta. No es necesario agregar nada, espera a que la crema adquiera una textura más tersa y ligera. El tiempo total depende de la potencia de tu procesador, en el mío son unos 4 o 6 minutos.

3 Una vez que tu mezcla tenga consistencia de crema de cacahuate, agrega una pizca de sal de mar y el endulzante. Éste es el momento para agregar otro sabor: si usas un endulzante y vainilla líquida, al momento de procesar crearás una nueva masa, por lo que tendrás que repetir el proceso por varios minutos para recuperar la cremosidad.

4 Guarda todo en un recipiente con tapa. En un lugar oscuro y fresco se preservará durante 1 o 2 semanas. En el refrigerador lo mantendrás por 4 o 5 semanas.

Salsa de elote

Porciones: 2 tazas

Para acompañar con totopos o tostadas, como una salsa para servir arriba de un pollo o pescado a la parrilla, para mezclar con arroz integral, quinoa o frijoles negros enteros... ¡ésta es una salsa muy versátil y que llenará de color tu plato!

INGREDIENTES
- ¾ de taza de elote desgranado y cocido
- 2 tomates rojos, picados
- 1 chile jalapeño, picado
- ½ aguacate, en cubos
- ¼ de taza de cilantro picado
- ¼ de taza de cebolla morada
- 2 cucharadas de jugo de limón
- Sal y pimienta, al gusto

ELABORACIÓN

1 Mezcla en un plato el elote, tomate, chile jalapeño, cilantro, cebolla y sazona al gusto con jugo de limón, sal y pimienta.
2 Cuando esté bien mezclado y sazonado, agrega el aguacate en cubos y mezcla un poco para que se llene con el jugo de limón.
3 Sirve con tu guarnición o plato fuerte favorito y de preferencia consume en las siguientes horas para evitar que el aguacate se ponga feo o se oxide.

Pizca de sabor
Puedes preparar esta salsa con anticipación y justo antes de servir añadirle el aguacate picado. Si no quieres que quede picoso retira las semillas del chile u omite por completo. Si quieres que quede picosa, agrega chile serrano o habanero picado al gusto.

Salsa de chipotle

Porciones:
½ taza

Una buena salsa no puede faltar en las casas de los mexicanos. Ésta es mi preferida en casa para preparar huevos ahogados o, como en esta ocasión, unos deliciosos chilaquiles que encontrarás en la sección de Desayunos (página 129). Tiene un toque sorpresa, un invento de Kike que me encantó.

INGREDIENTES

- 2 tomates rojos
- 1 pedacito de cebolla blanca
- 1 diente de ajo, pelado
- 2 chiles chipotles secos
- 1 pizca de canela molida
- Cilantro, opcional
- Sal y pimienta negra, al gusto

ELABORACIÓN

1. Retira el rabito del chile chipotle. Hidrata en agua hirviendo unos 5 minutos.
2. Mientras tanto, cocina la cebolla, ajo y los tomates en un comal o sartén por todos los lados hasta que queden quemados y suaves.
3. Licua los tomates, la cebolla, el ajo y el chile chipotle. Puedes dejar la cáscara de los tomates si así lo prefieres. Sazona con sal y pimienta al gusto, con más agua si la quieres menos espesa. Puedes agregar un poco de cilantro, ya sea picado o en la licuadora, y una pizca de canela. Le dará un toque especial sin hacerla dulce.
4. Si lo deseas, puedes guisar la salsa en un sartén por unos minutos a fuego medio. Evita usar aceite, verás que no es necesario.
5. Sirve con tu platillo favorito y guarda en un recipiente con tapa en el refrigerador. Se conservará durante unos 8 o 10 días.

Pizca de sabor

Si no consigues chipotle seco, usa chipotle adobado. Y si la quieres más picante, agrega más chile chipotle al gusto. También puedes cambiar el chipotle por chile de árbol o tu chile favorito. En cambio, si la quieres menos picosa, agrega la mitad del chipotle.

Salsa estilo guacamole

**Porciones:
2 tazas**

Hay una salsa tipo guacamole que no lleva aguacate y queda muy cremosa porque se licua con aceite, pero ésta no es esa salsa. Nosotros no usaremos ni una gota de aceite. ¡Te la querrás comer a cucharadas de lo rica que queda! Lo mejor de todo es que es una salsa cruda y la puedes tener lista en menos de 5 minutos.

INGREDIENTES

- 4 tomatillos limpios (250 g)
- 1 chile serrano, picado
- 1 taza de cilantro
- ½ aguacate chico
- ¼ de taza de jugo de limón
- ¼ de taza de agua
- Sal y pimienta, al gusto

ELABORACIÓN

1 Corta los tomatillos en cuatro y el chile en trozos. Si deseas quitarle las semillas al chile serrano, éste es el momento de hacerlo.

2 Coloca en el vaso de la licuadora los tomatillos, chile serrano, cilantro, aguacate, jugo de limón y sazona con sal y pimienta al gusto. Licua hasta que no queden muchos grumos. Si te gusta con mucha textura, pulsa poco a poco. Si la quieres completamente tersa, entonces licua bastante.

3 Agrega agua poco a poco, dependiendo de la consistencia que más te guste. Verifica el sazón antes de servir y guarda en un recipiente con tapa en el refrigerador. Se conservará hasta 8 días.

Pizca de sabor

No soy de las personas a quienes les encanta la comida muy picante, por lo cual esta salsa no pica demasiado. Yo le dejo la mitad de las semillas al chile serrano para conservar ese sabor picosito que sientes en la lengua, sin que te cale o te impida comer. Si te gusta mucho el picante, agrega más chile serrano al gusto.

Chorizo de coliflor

**Porciones:
1 ½ tazas**

Hace 5 años compartí en mi blog, *Pizca de Sabor*, la receta de un chorizo vegano a base de champiñones, y se hizo viral. Es una opción 100% sana y sin grasa que reemplaza el chorizo que bien conoces, con un sabor buenísimo. Para este libro se me ocurrió esta variación con coliflor. ¡No creerás el sabor que tiene!

INGREDIENTES

- 3 tazas de coliflor picada finamente
- 2 dientes de ajo, pelados
- 1 chile guajillo
- 1 chile pasilla
- 3 cucharadas de vinagre blanco o de manzana
- 3 cucharadas de agua de la cocción de los chiles
- ½ cucharadita de azúcar mascabado, opcional
- ¼ de cucharadita de comino molido
- ¼ de cucharadita de orégano seco
- Sal y pimienta negra, al gusto

ELABORACIÓN

1 Pica finamente la coliflor, colocando los floretes de coliflor cruda en el procesador de alimentos o picando muy finito con un cuchillo filoso.

2 Retira el rabito y las semillas de los chiles. Colócalos en agua hirviendo y cocínalos por 5 minutos a fuego bajo. Retíralos del agua y licualos con ajo, comino, orégano, vinagre, azúcar, sal, pimienta y 3 cucharadas del agua donde se hidrataron los chiles.

3 Engrasa ligeramente un sartén con aceite de oliva o coco en aerosol y agrega la coliflor. Cocina a fuego medio durante 5 minutos, mezcla de vez en cuando.

4 Agrega la mezcla del chile y cocina a fuego bajo durante unos 8 minutos. Prueba y sazona de nuevo: si se te hace muy ácido o picoso, agrega un poco más de endulzante. Mientras más tiempo cocines, más se integrarán los sabores del chile y el vinagre, pero ten cuidado de no quemarlo.

5 Guarda en un recipiente con tapa. Se preservará por unas 2 semanas en el refrigerador. Si quieres que dure más (de 2 a 3 meses), lo puedes congelar en pequeños recipientes o en una bolsa con cierre.

Pizca de sabor

Reemplaza el azúcar mascabado por *monk fruit* o estevia para una versión más ligera. Usa esta deliciosa receta en tacos, con huevo o prepara el *hash* de papa con huevo (página 101) y los tacos de quinoa con chorizo (página 249).

Cebollas encurtidas con zanahoria

Porciones: 2 tazas

En la tortillería cerca de mi casa venden unas cebollas encurtidas deliciosas. Un día, cuando estaba embarazada, me ganó el antojo y las preparé en mi casa. Duran mucho en el refrigerador y mientras más reposan, mejor sabor agarran.

INGREDIENTES

- 1 cebolla blanca grande
- 1 zanahoria, pelada
- ½ taza de vinagre blanco
- ¼ de taza de agua
- 2 cucharadas de jugo de limón
- 1 cucharadita de orégano seco
- 1 chile serrano o jalapeño, en rodajas
- Sal y pimienta, al gusto

ELABORACIÓN

1   Pela y ralla la zanahoria. El chile lo puedes cortar en rodajas si quieres dejar las semillas, o bien cortar en tiras delgadas y retirar las semillas.

2   Corta la cebolla a la mitad y después en rebanadas delgadas. Colócala en un recipiente grande y cubre por completo con agua hirviendo. Ayúdate con las pinzas, para que todas las rebanadas de cebolla se separen.

3   Deja reposar por 5 minutos y drena. Agrega la zanahoria rallada, el vinagre blanco, el agua, jugo de limón, orégano seco, chile, y sazona al gusto con sal y pimienta. No quedan picosas, aunque depende mucho del chile. Si no quieres que pique, omite el chile.

4   Mezcla muy bien y verifica la sazón. Deja reposar por al menos 10 minutos —lo mejor es que reposen entre 30 y 60 minutos— antes de servir. Sirve con tacos, arroz, tostadas, totopos, pescado, pollo o carne, ¡quedan con todo!

5   Si lo guardas en un recipiente con tapa en el refrigerador, se preservará por 1 o 2 semanas.

Pizca de sabor

Si cambias la cebolla blanca, usa cebolla morada o amarilla. Pica la cebolla en cubitos pequeños en lugar de cortarla en tiras. Y si te encanta el picante, agrega chile habanero o tu chile favorito, en rodajas o picado finamente.

Bebidas

Agua de jamaica con fresas

Porciones:
1.25 litros

El agua que más preparo en casa es la de flor de jamaica. Siempre tengo una bolsita de la flor seca en mi alacena para prepararla y acompañar la comida. Como verás en la página 247, puedes usar las florecitas que queden después de la preparación para otros guisados.

INGREDIENTES

- ½ taza de flor de jamaica seca
- ½ taza de fresas picadas
- 6 tazas de agua
- Romero fresco, opcional
- Endulzante, al gusto
- Hielos, para servir

ELABORACIÓN

1 Lava la flor de jamaica con agua y colócala en una olla con 2 tazas de agua.
2 Deja que el agua hierva y apágala. Permite que repose por 5 minutos.
3 Cuela el agua y reserva las flores para preparar más agua o la sorpresa de flor de jamaica (página 247).
4 Licua las fresas con 4 tazas de agua, hasta que no queden grumos en tu mezcla. Si te gusta sin semillas, pasa todo por un colador.
5 Pruébalo y endulza al gusto. En lo personal prefiero el agua de jamaica sin endulzar, aunque en ocasiones uso 2 cucharadas de azúcar mascabado para toda la jarra; pero puedes agregar estevia, miel, azúcar mascabado o tu endulzante favorito. Si el sabor de la flor te parece muy concentrado, agrega más agua.
6 Refrigera tu bebida para servirla bien fría o sírvela de inmediato con hielos y una ramita de romero, que le dará un sabor muy especial. De las dos maneras quedará deliciosa.

Pizca de sabor
Puedes reutilizar la flor de jamaica, aunque el sabor será menos concentrado que la primera vez.

Agua de lechuga

**Porciones:
1 litro**

Sé que no lo imaginabas, pero es verdad: puedes disfrutar de un agua de lechuga, una manera genial de aprovechar todos los nutrientes. El agua queda con un sabor muy fresco y natural, y si la sirves con mucho hielo será perfecta para esos días de verano sofocantes.

INGREDIENTES

- 4 tazas de agua
- 2 tazas de lechuga, picada
- 1 ½ naranjas, o al gusto
- 1 limón, o al gusto
- Endulzante, al gusto

ELABORACIÓN

1 Lava la lechuga y colócala en la licuadora con agua y endulzante al gusto. Yo normalmente no agrego nada más. Una vez que todo quede bien licuado, pasa la mezcla por un colador para remover las impurezas y vacíala en una jarra.

2 Puedes agregar el jugo de naranja o de limón y verificar el sabor. Si quieres que tu agua quede más ácida, agrega más limón; si la quieres más dulce, agrega más naranja o endulza al gusto.

3 Refrigera o sirve en el momento con muchos hielos.

Pizca de sabor

Puedes usar cualquier tipo de lechuga; yo normalmente preparo esta bebida con lechuga bola, porque su sabor es más ligero, o con lechuga orejona o romana.

Agua de papaya y limón

Porciones:
1.5 litros

Si tienes papaya y no sabes qué hacer con ella más que comerla así sola, con queso cottage o yogurt en el desayuno, te comparto esta receta. El resultado es un agua fresca muy sana, deliciosa y dulce. ¡Ideal para disfrutar a cualquier hora del día!

INGREDIENTES

- 2 tazas de papaya, en cubitos
- 4 tazas de agua
- 1 limón, o al gusto
- Endulzante, opcional

ELABORACIÓN

1 Pela la papaya, retírale las semillas y córtala en cubos.
2 Coloca los cubos en la licuadora con agua y licua hasta que no queden grumos. Si tu licuadora es muy grande, puedes agregar las 4 tazas de agua.
3 Agrega jugo de limón al gusto y endulza tu agua. La cantidad dependerá de qué tan madura esté la papaya elegida y de su sabor.
4 Refrigera tu agua o sírvela de inmediato con muchos hielos.

Pizca de sabor

Puedes variar la cantidad de agua que desees agregar, dependerá de qué tanto quieres que sobresalga el sabor de la papaya. Si te gusta con un sabor muy intenso, agrega una taza menos de lo indicado en la receta. Si la quieres más aguada, agrega una taza extra.

Agua de pepino y kiwi

Porciones: 1.25 litros

La combinación de pepino y kiwi es muy refrescante y le da un sabor distinto a la tradicional agua de pepino. Trata de usar kiwis maduros y dulces para que no tengas que endulzar.

INGREDIENTES

- 4 tazas de agua
- 1 pepino, pelado
- 1 kiwi, pelado
- 2 limones, o al gusto
- Endulzante, al gusto

ELABORACIÓN

1 Si quieres quitarle las semillas al pepino para que sea más fácil de digerirlo, corta a la mitad y raspa las semillas con una cuchara. Después corta el pepino en pedazos medianos y colócalos en la licuadora con agua, jugo de limón, kiwi y endulzante.

2 Licua la mezcla hasta que no queden grumos. Puedes colar las semillas del kiwi si no te gustan, o dejarlas. De las dos maneras el sabor es delicioso.

3 Si prefieres una versión más acidita, no endulces el agua. En cambio, si te gusta más dulce, agrega endulzante al gusto: comienza con 1 o 2 cucharadas y ve probando. Si usas azúcar mascabado o estevia, licuala para que se disuelva por completo.

4 Refrigera para servir después o sirve de inmediato con muchos hielos.

Pizca de sabor

Puedes licuar la mitad del kiwi desde el principio para triturarlo por completo. Cuando el agua ya no tenga grumos, agrega la mitad restante del kiwi y licua durante unos segundos más. Deja que queden algunos trozos pequeños, esto le da más textura y sabor al kiwi.

Agua de sandía y coco

Porciones: 2 ½ tazas

Esta agua es súper refrescante e hidratante. Lo mejor es prepararla con sandía dulce para evitar el endulzante adicional. La combinación de sandía con coco es riquísima, si no la has probado, te la recomiendo mucho.

INGREDIENTES

- 4 tazas de sandía, en cubos y sin semillas
- ½ taza de agua de coco
- Jugo de limón, opcional
- Hojas de menta, opcional

ELABORACIÓN

1 Pela y corta la sandía en cubos, y retírale las semillas.

2 Coloca los cubos en la licuadora junto con el agua de coco y licua hasta que no queden grumos. Después de probar decide si la quieres así, con sabor ácido o más dulce. Todo dependerá del sabor natural de tu sandía.

3 Refrigera para beber después o sirve de inmediato con muchos hielos. Si lo deseas también puedes pasar tu agua por un colador y remover la pulpa.

Pizca de sabor

El agua de coco ayuda a endulzar de una forma más natural. Si no tienes a mano, puedes sustituirla por agua natural y endulzar al gusto con tu endulzante favorito.

Aguas infusionadas

Porciones: 1 litro

Las aguas infusionadas son una excelente alternativa para aquellas personas que no toman mucha agua o que desean dar sabor al agua de una forma muy natural. Te comparto cinco de mis recetas favoritas, todas con un sabor muy distinto.

INGREDIENTES

Agua fresa-naranja
- 1 litro de agua
- 4 fresas, en rebanadas
- 4 rodajas de 1 naranja

Agua otoñal
- 1 litro de agua
- ¼ de pera, en rebanadas
- 1 varita de canela

Agua détox
- 1 litro de agua
- ¼ de pepino chico, en rodajas
- 1 limón grande, en rodajas
- ½ naranja, en rodajas
- 8 hojas de menta o yerbabuena
- 2 cm de jengibre fresco

Agua cítrica de fresa
- 1 litro de agua
- 2 rodajas de toronja
- ½ mandarina o naranja, en rodajas
- ¼ de pepino chico, en rodajas

Agua de moras con kiwi
- 1 litro de agua
- 15 moras azules
- 10 frambuesas
- 2 rodajas de kiwi
- ½ limón, en rodajas
- 5 hojas de menta o yerbabuena

Pizca de sabor

Las fresas o frambuesas las puedes sustituir por cualquier fruto rojo e incluso puedes usar fruta congelada para esta receta. Prepara tus propias combinaciones con mango, piña, durazno, toronja, lima y coco fresco, o con la fruta de tu elección.

ELABORACIÓN

1. Escoge el sabor de agua que quieras preparar y agrega los ingredientes a la jarra junto con el agua.
2. Refrigera todo por al menos 2 horas. También puedes prepararlo todo en la noche para disfrutar al día siguiente; de esa manera el sabor estará más concentrado.
3. Si deseas aprovechar los ingredientes, puedes rellenar tu recipiente con 1 litro de agua, aunque, esta segunda infusión tendrá menos sabor.

Jugos saludables

**Porciones:
1 porción**

Una manera muy práctica de consumir muchos vegetales es hacerlo en jugos. Los que te comparto aquí tienen más vegetales que fruta para darte ese extra de energía que necesitas por la mañana o por la tarde.

INGREDIENTES

Betabel mágico
- 4 tallos de apio
- 1 betabel chico, lavado
- 1 manzana verde chica
- 1 limón, pelado
- ½ chayote chico

Dragón morado
- 2 tazas de col morada
- 2 tallos de apio
- 2 cm de jengibre
- 1 taza de piña, sin cáscara
- 1 calabacita

Verde mi rey
- 4 tallos de apio
- 2 cm de jengibre
- 1 pepino, pelado
- 1 limón, pelado
- 1 manzana verde chica
- 4 hojas de acelga o espinaca

Despierta ya
- 2 zanahorias
- 1 naranja, pelada
- 1 limón
- 6 hojas de lechuga orejona
- ½ toronja, pelada
- 1 pizca de pimienta cayena

Piña refrescante
- 6 hojas de espinaca
- 2 cm de jengibre
- 1 pepino, pelado
- 1 taza de piña, sin cáscara
- 1 puño de perejil
- 1 limón, pelado

Pizca de sabor
Siempre es mejor usar el extractor, pero si no lo tienes puedes colocar los ingredientes ya picados en una licuadora con un poco de agua. Pásalo por una manta de cielo para retirar la fibra y disfruta tu jugo.

ELABORACIÓN

1 Escoge el jugo que vas a preparar. Coloca los ingredientes en el extractor de jugos y disfruta de inmediato.
2 Mezcla las hojas verdes con pepino o apio, en caso de que el jugo las lleve, de forma que obtengas más jugo. Lo puedes tomar en la mañana o como *snack* en la tarde.

Desayunos

Pan francés sano

Porciones: 1 porción

Éste es uno de esos desayunos que enamora. Puede que incluso se convierta en una de tus tradiciones de fin de semana. Si tienes niños, corta los panes en bastones para que puedan tomarlos con sus manos.

INGREDIENTES

- 2 panes integrales
- 1 huevo, batido
- 2 cucharadas de leche de almendra
- ½ cucharadita de canela molida
- ½ cucharadita de extracto de vainilla
- ¼ de cucharadita de *monk fruit* o estevia al gusto
- Fresas o moras, para servir
- Coco rallado, para servir
- Miel de maple o abeja, para servir

ELABORACIÓN

1 Bate el huevo con la leche de almendra (o tu favorita), canela, vainilla y *monk fruit* o estevia al gusto. Yo lo hago para endulzar un poco el pan y no tener que usar tanta miel para servir. Lo podrías omitir si gustas.
2 Corta los panes a la mitad y cubre con la mezcla de huevo. Te acabarás la mezcla de huevo, así que cúbrelos ligeramente.
3 Calienta un sartén grande y engrasa ligeramente. Agrega los panes y cocina cada lado a fuego medio por 2 o 3 minutos, hasta que estén dorados y crujientes. Si te quedan muy suaves o remojados por dentro, suma tiempo de cocción.
4 Sirve con fresas, moras o tu fruta favorita, un poco de coco rallado y miel de maple, abeja, agave, maguey o tu endulzante favorito.

Pizca de sabor
Puedes cambiar la miel o el endulzante por crema de cacahuate con chocolate, chai, canela o natural (página 93).

Granola de chocolate

**Porciones:
3 tazas**

Quería una granola más sana para desayunar como cereal en esos días cuando tengo antojo de chocolate. Usé miel o jarabe de agave para endulzar, pero puedes usar miel de maple, de abeja o de maguey y aumentar el endulzante si te gusta muy dulce.

INGREDIENTES

- 2 ½ tazas de avena en hojuelas
- ¼ de taza de cocoa en polvo
- ¼ de taza de miel de agave
- 1 cucharada de extracto de vainilla
- 1 cucharadita de canela molida
- ½ taza de almendras enteras
- ½ taza de nuez en mitades
- 1 cucharada de semillas de chía

ELABORACIÓN

1 Precalienta el horno a 180ºC. Mezcla la cocoa en polvo, miel de agave, vainilla y canela, hasta que no queden grumos.

2 Agrega la avena en hojuelas o copos, almendras, nuez y semillas de chía, hasta que todos los ingredientes queden bien cubiertos con la mezcla.

3 Vacía en una bandeja cubierta con papel para hornear o tapete de silicón. Esparce muy bien la mezcla y mete al horno.

4 Hornea por 15 minutos, combina todo con cuidado y hornea por 10 o 12 minutos más o hasta que la mezcla se sienta seca. Vuelve a mezclar cuando la saques y deja enfriar; tal vez será necesario romper un poco con las manos. Guárdala en un recipiente con tapa en la alacena y disfruta durante las siguientes 4 semanas.

5 Me encanta servir esta granola con yogurt griego sin azúcar y alguna fruta, como frambuesas o fresas, y para terminar un poco de coco rallado o en hojuelas.

Pizca de sabor

Puedes reemplazar la cocoa en polvo por cacao en polvo. Es más fácil conseguir el segundo en el supermercado, en el pasillo de productos orgánicos. El cacao es más puro, sin procesar y sin endulzante, a diferencia de algunas cocoas en polvo comerciales.

Hot cakes de camote

**Porciones:
1 porción**

Con la popularidad de lo "sano" he comenzado a ver recetas de hot cakes de avena por todas partes. Hace tres años, una receta mía de hot cakes de avena se hizo viral, y 3 millones de visualizaciones después todavía me encanta introducir variaciones a la receta. Esta versión otoñal es de mis favoritas.

INGREDIENTES

- 4 claras (½ taza de claras)
- ¼ de taza de hojuelas de avena
- ¼ de taza de camote cocido
- ¼ de cucharadita de polvo para hornear
- Canela, al gusto
- Estevia, al gusto

ELABORACIÓN

1 Coloca en la licuadora la media taza de claras de huevo, la avena, el camote cocido (pelado y un poco triturado con el tenedor) y polvo de hornear. Endulza al gusto con canela y estevia, y licua unos 2 minutos, o hasta que todo quede sin grumos. No es necesario agregar líquido, ya que las claras y el camote aportan mucha humedad. Si sientes que está muy espeso, puedes agregar una clara extra o un chorrito de leche.

2 Calienta un sartén realmente antiadherente. Cuando el sartén esté muy caliente, forma los hot cakes; yo preparo de 2 en 2 para que no se me quemen. Baja a fuego medio alto y cocina por 2 minutos. Voltéalos cuando los veas cubiertos de burbujas y con un color más opaco.

3 Cocínalos por 1 o 2 minutos más para que no queden crudos por dentro. Te pueden salir de 4 a 5 hot cakes medianos, como los de la foto.

4 Puedes preparar un betún de vainilla, sólo mezcla 3 cucharadas de yogurt griego sin azúcar, o de coco, con ½ cucharadita de extracto de vainilla, canela molida y estevia al gusto. Si está muy espeso, aligéralo con leche de almendra, y sirve con los hot cakes. Otra opción es servir con miel de maple natural.

Pizca de sabor

El sartén que uses es muy importante ya que, como no se engrasa, debe estar muy caliente al momento de vaciar la mezcla. No muevas ni toques los hot cakes cuando se estén cocinando. Si has comido hot cakes de avena sabes que no son los típicos hot cakes esponjosos, pero que eso no le quitará su sabor y ligereza.

Chilaquiles rojos con espinacas

Porciones: 2 porciones

¡Que levanten la mano los fans de los chilaquiles! Esta versión exprés va bien con totopos de nopal y si tienes lista la salsa, podrás disfrutar este grandioso desayuno en menos de 5 minutos. Me gusta agregar espinaca picada porque es una manera práctica de disfrutarla desde temprano.

INGREDIENTES

- 4 tazas de totopos de nopal
- 2 tazas de espinacas picadas
- 1 ½ tazas de salsa roja de chipotle
- Cebolla blanca picada, al gusto
- Cilantro picado, al gusto
- Queso asadero o de cabra, al gusto
- Huevo o pechuga de pollo, opcional
- Sal y pimienta, al gusto

ELABORACIÓN

1 La receta de la salsa la encuentras en la página 97. Colócala en un sartén y deja que hierva. Entonces agrega la espinaca picada y cocina por 1 o 2 minutos.

2 Incorpora los totopos y mezcla bien para cubrirlos con la salsa. A mí no me gustan los chilaquiles suaves, así que hago esto muy rápido y ya tengo el cilantro, la cebolla y el queso preparados para servir al momento. Sazona con sal y pimienta.

3 Sirve en un plato y agrega queso rallado o desmoronado, cilantro, cebolla y huevo estrellado o pollo deshebrado. El calor de los chilaquiles derretirá el queso. Si no consumes lácteos puedes usar queso vegano.

Pizca de sabor
Cambia la salsa roja de chipotle por tu favorita. Si no consigues totopos de nopal, puedes reemplazarlos por totopos caseros que preparas al hornear tortillas de maíz o de nopal hasta que estén crujientes, por unos 12 o 14 minutos, a 200ºC, sin usar aceite.

Pudín de chía con mermelada

**Porciones:
1 porción**

Dos cucharadas de chía, un poco de leche de almendra, dejas reposar y en cuestión de horas verás cómo todo crecerá más y más. No sólo queda delicioso, sino que es nutritivo y te ayuda con la digestión. Para darle un sabor especial me gusta servirlo con crema de cacahuate casera, fruta o mermelada casera.

INGREDIENTES

- 2 cucharadas de semillas de chía seca
- ¾ de taza de leche de almendra
- ¼ de cucharadita de extracto de vainilla
- 2 cucharadas de mermelada de frutos rojos
- 1 cucharada de crema de cacahuate
- Coco rallado, al gusto

ELABORACIÓN

1 Mezcla en un recipiente con tapa las semillas de chía con la leche de almendra y la vainilla. Tapa, mezcla muy bien y refrigera. A los 15 minutos vuelve a mezclar muy bien, ya que las semillas tienden a asentarse y formar grumos.
2 Deja reposar 4 horas o toda la noche si quieres un desayuno rápido por la mañana.
3 Vacía en un plato o sirve ahí mismo si necesitas llevarlo al trabajo o a la escuela. Agrega la crema de cacahuate, mermelada de frutos rojos y un poco de coco seco.

Pizca de sabor

Para esta receta vamos a usar la mermelada de frutos rojos (página 75) y la crema de cacahuate (página 93). Yo usé la variación de crema de cacahuate con chocolate, porque me encanta la combinación de frutos rojos con chocolate.

Omelette con espinaca y queso de cabra

Porciones: 1 porción

Mi hermana me platicó de un omelette que comió en un restaurante y quise agregarle tomate deshidratado a esa receta para darle un sabor muy especial. Empieza la mañana consintiéndote así, ¡te encantará!

INGREDIENTES

- 2 huevos o 4 claras, batidos
- 1 cucharada de agua
- 1 taza de espinaca, picada
- 2 champiñones, en cuadritos
- 2 tomates deshidratados, picados
- 1 cucharada de queso de cabra
- Aguacate, opcional para servir
- Sal y pimienta, al gusto

ELABORACIÓN

1 En un plato bate fuertemente los huevos o claras con el agua, hasta que se vean burbujas en la superficie. Sazona con sal y pimienta al gusto.

2 Engrasa ligeramente un sartén chico a fuego medio. Vacía los huevos sin mover en el sartén. Deja cocinar por 2 minutos o hasta que el fondo esté firme y la parte de arriba ya no esté muy líquida, para que lo puedas voltear sin problema.

3 Con la ayuda de una espátula voltea el omelette. Rellénalo con el tomate deshidratado, champiñones, queso de cabra y la mitad de la espinaca. Dóblalo para que el calor cocine los vegetales y tapa el sartén. Cocina por 2 minutos.

4 Sirve con la espinaca restante y decora con queso de cabra, aguacate o más tomate deshidratado.

Pizca de sabor

Yo uso tomate deshidratado en aceite, le da un sabor más intenso a los platos. Si no consigues, puedes reemplazarlo por medio tomate muy maduro y picado o 6 tomates cherry partidos a la mitad.

Huevos pochados con vegetales

**Porciones:
2 porciones**

Uno pensaría que hacer huevos pochados es complicado, pero esta receta es una forma de prepararlos sin tener que usar una sola gota de aceite. Los sirvo sobre una cama de vegetales al sartén y pan tostado o tortillas.

INGREDIENTES

- 2 a 4 huevos
- 1 chorrito de vinagre blanco
- 1 calabacita, picada
- 12 tomates cherry, a la mitad
- 4 champiñones, picados
- ½ pimiento morrón, en cubos
- ½ cucharadita de ajo picado

ELABORACIÓN

1 Engrasa ligeramente un sartén mediano y agrega calabacita, tomate, champiñones, pimiento morrón y ajo. Cocina a fuego medio por 3 a 4 minutos, moviendo de vez en cuando, y sazona al gusto con sal y pimienta.

2 Para preparar los huevos pochados abre el huevo en un recipiente. Hierve agua en una olla o sartén, necesitarás unos 10 o 15 cm de agua para poder pochar el huevo. Cuando hierva, baja un poco el fuego, para que las burbujas no tengan mucha fuerza. Agrega un chorrito de vinagre blanco al agua y mezcla con un batidor globo para crear un remolino.

3 Vacía el huevo en el remolino y cocínalo por hasta 2 minutos, para que la yema esté líquida. El remolino de agua ayudará a envolver la yema con las claras, para que no lo hagas con una cuchara.

4 Retira el huevo del agua con un cucharón y sirve con los vegetales. Este plato también queda delicioso con un huevo estrellado encima, si no quieres hacerlo pochado.

Pizca de sabor

Si tus huevos no son frescos, la clara se despegará en cuanto entre al agua y no envolverá por completo al huevo. Comprueba fácilmente qué tan frescos están los huevos con el consejo de la página 40.

Hash de papa con chorizo

**Porciones:
2 porciones**

Las papas con chorizo tienen un lugar especial en mi corazón. Se me ocurrió hacer la versión vegetariana más sana de este delicioso platillo. Usé mi chorizo de coliflor (página 101) y lo serví con huevo estrellado, para un desayuno completo y riquísimo.

INGREDIENTES

- 2 tazas de papa picada (1 papa grande)
- ¾ de taza de chorizo de coliflor
- ¼ de cebolla blanca, picada
- Cilantro picado, al gusto
- Huevo estrellado, opcional
- Sal y pimienta, al gusto

ELABORACIÓN

1 Engrasa ligeramente un sartén grande y agrega cebolla y papa picada (con cáscara) en cubos pequeños. Mientras más grandes sean los cubos de papa, más tiempo les tomará estar suaves.

2 Cocina a fuego medio con la tapa puesta por entre 15 y 17 minutos, o hasta que los cubos de papa estén ligeramente suaves en el interior, ya que todavía los seguiremos cocinando con el chorizo. Mezcla de vez en cuando para que se cocinen de manera uniforme.

3 Si quieres preparar la papa más rápido puedes cocerla un día antes por entre 8 y 10 minutos, para suavizarla. Se tiene que sentir ligeramente firme o no podrás cortarla en cubitos para hacer la receta.

4 Agrega el chorizo de coliflor, sazona con sal y pimienta, y mezcla bien. Cocina 5 minutos más para terminar de suavizar la papa.

5 Sirve sola, con huevo, tortillas, gorditas o con lo que más se te antoje. A mí me gusta agregar cilantro picado justo antes de servir, le da un sabor muy fresco que va perfecto con el chorizo.

Pizca de sabor

Otra manera de disfrutar esta receta es en tostadas o tacos. Para ello simplemente omite el huevo, cubre las tostadas con frijoles (página 181) y encima agrega papa con chorizo. Termina la preparación con salsa estilo guacamole (página 99) y unas cebollitas encurtidas (página 103).

Breakfast toast

**Porciones:
1 porción**

Ya tienes desayuno para 4 días de la semana, sólo prepara una de estas tostadas cada día y te enamorarás de estos panes salados.

Tomate cremoso
- 1 pan integral tostado
- 2 cucharadas de queso cottage
- 5 tomates cherry, a la mitad
- Aceite de oliva, al gusto
- Orégano seco, al gusto

No son molletes
- 1 pan integral tostado
- 2 cucharadas de frijoles negros molidos
- 1 cucharada de queso panela desmoronado
- Cilantro, al gusto

Avoegg
- 1 pan integral tostado
- ¼ de aguacate, en rodajas
- 1 huevo
- 2 cucharadas de salsa roja
- Cilantro, al gusto

Hummus colorido
- 1 pan integral tostado
- 1 cucharada de hummus con cúrcuma
- Espinaca, al gusto
- Zanahoria rallada, al gusto
- Germinado de alfalfa, al gusto
- Rábanos, al gusto

ELABORACIÓN

1 Tuesta el pan y cubre con queso cottage, aguacate, hummus o frijoles negros. Añade los *toppings* y sazona al gusto con sal, pimienta y disfruta.
2 Para el huevo en salsa agrega la salsa roja con el huevo crudo en un sartén y cocina por 2 o 4 minutos a fuego medio, dependiendo de qué tan cocido te guste.

Pizca de sabor
Para estas recetas usé: hummus con cúrcuma (página 77), salsa roja con chipotle (página 97) y frijoles molidos de la olla (página 181).

Sweet toast

Porciones: 1 porción

Si me siguen en redes habrán notado que lo que más desayuno entre semana es una de estas combinaciones, ya sea en su versión dulce o salada, dependiendo el antojo del día.

Choco banana
- 1 pan integral tostado
- 1 cucharada de crema de cacahuate con chocolate
- ¼ de plátano, en rodajas
- Semillas de chía seca, al gusto

Mango canela
- 1 pan integral tostado
- 2 cucharadas de queso cottage
- ¼ de mango, en cubos
- Canela molida, al gusto

Coco cremoso
- 1 pan integral tostado
- 2 cucharadas de yogurt griego sin azúcar
- 2 fresas, rebanadas
- ¼ de cucharadita de coco
- 1 cucharadita de nuez picada

Almendra frutal
- 1 pan integral tostado
- 1 cucharada de crema de almendra
- Moras azules, al gusto

Pizca de sabor
Es muy fácil hacer variaciones según lo que tengas en tu refrigerador y alacena. Puedes crear con *toppings* como nuez, coco seco, chía, cocoa *nibs* o granillo de cacao, polen de abeja, semillas de cáñamo o *hemp* o almendras rebanadas.

ELABORACIÓN

1 Tuesta el pan y cubre con el sabor que elijas: la crema de cacahuate, de almendra, yogurt griego o queso cottage. En esta ocasión yo usé la crema de cacahuate con chocolate (página 93).
2 Añade los *toppings* y disfruta.

Avena de refrigerador

**Porciones:
1 porción**

Estas recetas son perfectas para esas mañanas con prisa. Lo mejor es tomar 5 minutos para prepararlas en la noche y ponerte creativo por la mañana con los *toppings*, especias y sabores que le daremos, ¡pruébalas todas, te encantarán!

Mango cúrcuma
- ½ taza de hojuelas de avena
- ¾ de taza de leche de coco
- ¼ de cucharadita de cúrcuma molida
- ¼ de cucharadita de canela molida
- 1 cucharadita de miel de abeja
- Mango picado, al gusto
- Coco seco, al gusto
- Semillas de *hemp* o cáñamo, al gusto

Chai nuez
- ½ taza de hojuelas de avena
- ½ taza de té chai concentrado
- ¼ de taza de leche de almendra
- ¼ de cucharadita de canela molida
- ½ cucharadita de extracto de vainilla
- 1 cucharadita miel de abeja
- Nuez picada, al gusto
- Cacao *nibs*, al gusto

Fresa tahini
- ½ taza de hojuelas de avena
- ¾ de taza de leche de almendra
- 1 cucharadita de miel de abeja
- Fresas picadas, al gusto
- Tahini o crema de almendra, al gusto
- Almendras rebanadas, al gusto

Matcha coco
- ½ taza de hojuelas de avena
- ¾ de taza de leche de coco
- 1 cucharadita de té matcha en polvo
- 1 cucharadita de miel de abeja
- Manzana picada, al gusto
- Arándanos secos, al gusto

Pizca de sabor
Para estas recetas usé miel de abeja, pero puedes cambiar por tu endulzante favorito. Para el té chai concentrado deja reposar una bolsa de té chai con ½ taza de agua hirviendo por 8 minutos.

ELABORACIÓN

1. Escoge el sabor que vas a preparar y mezcla todos los ingredientes en un recipiente con tapa. Los ingredientes que dicen "al gusto" son los *toppings*, los puedes agregar desde este paso o cuando vayas a servir.
2. Refrigera toda la noche y disfruta frío, tibio o caliente, como más se te antoje.

Entradas, ensaladas y guarniciones

Arroz integral tropical

**Porciones:
4 porciones**

Me gusta preparar bastante arroz para tener para otras comidas en la semana. Así puedo darle sabores distintos sin aburrirme. Esta mezcla de ingredientes es una de mis combinaciones favoritas porque ayuda a darle sabor al arroz integral. ¡Pruébalo así y mándame un mensaje a mi cuenta de Instagram para contarme cómo te fue!

INGREDIENTES

- 2 tazas de arroz integral cocido y frío
- ¼ de taza de nuez picada
- ¼ de taza de almendras rebanadas
- 2 cucharadas de coco seco rallado
- 2 cucharadas de arándanos secos
- 1 cucharadita de mantequilla o *ghee*
- Sal y pimienta, al gusto

ELABORACIÓN

1 Calienta la mantequilla o *ghee* en un sartén. Puedes cambiar por aceite de coco u omitir los aceites por completo.
2 Agrega el arroz cocido con nuez, almendras, coco, arándanos secos y sazona al gusto con sal y pimienta. Mezcla bien y cocina unos minutos hasta que se caliente.
3 Sirve con tu plato favorito, unas opciones de este libro son con el pollo empanizado (página 209), el pescado a la mostaza (página 217), el salmón a la naranja (página 225), los camarones al curry (página 215) o las tortitas de atún (página 229).

Pizca de sabor

Puedes cambiar el arroz integral por la misma cantidad de arroz basmati, quinoa cocida o arroz blanco regular. Si no te gusta alguno de los frutos secos basta con que lo reemplaces; por ejemplo, en vez de arándanos puedes usar pasas rubias. El coco hace toda la diferencia y le da sabores tropicales, así que no lo dejes de agregar a la receta.

Brocoarroz

**Porciones:
2 ½ tazas**

El año pasado compartí una versión de esta receta en mi cuenta de Instagram. Estaba embarazada y tenía antojo de arroz y brócoli con mantequilla. Se me ocurrió mezclarlos y así nació una preparación increíble que fascinó a las mamás cuyos niños necesitaban más verduras en su dieta. ¡Te comparto dos maneras de prepararlo!

INGREDIENTES

- 2 ½ tazas de arroz de brócoli
- 1 taza de arroz integral cocido
- 1 taza de caldo o agua
- 1 cucharadita de mantequilla o *ghee*
- ¼ de taza de almendras picadas o rebanadas
- Ajo en polvo, al gusto
- Sal y pimienta, al gusto

Pizca de sabor

Si también quieres probar esta receta con arroz blanco, dora el arroz de brócoli (2 tazas) con la mantequilla durante unos minutos. Agrega el arroz (½ taza crudo), que deberás dorar unos minutos más, antes de agregar agua o caldo (1 ½ tazas) sal y pimienta. Cocínalo tapado y a fuego bajo por 20 minutos más y déjalo reposar. Finalmente, agrega las almendras y esponja con el tenedor.

ELABORACIÓN

1 Para preparar el arroz de brócoli ralla los floretes y el tallo de brócoli o tritúralos completamente en el procesador. Es necesario que el brócoli esté crudo.

2 Derrite la mantequilla o *ghee* en una olla y agrega el arroz de brócoli. Dora a fuego medio alto por 1 minuto y luego añade el ajo en polvo y el caldo. Mezcla bien y cocina a fuego medio alto por entre 12 y 15 minutos, o hasta que el líquido se haya evaporado y el brócoli se sienta suave.

3 Incorpora el arroz integral cocido, las almendras picadas y sazona todo al gusto con sal y pimienta.

4 Sirve con tu platillo preferido. Yo prefiero acompañarlo con pollo o pescado, porque siento que son los mejores complementos.

Arroz de coliflor con frutos secos

**Porciones:
4 porciones**

Te voy a enamorar con esta receta de "arroz" que no es arroz. Hasta a las personas que desprecian el arroz les gusta éste, ¡así que el gran sabor es indudable!

INGREDIENTES

- 4 tazas de arroz de coliflor
- ¼ de taza nuez picada
- ¼ de taza de almendras picadas
- 1 cucharadita de mantequilla o *ghee*
- Cilantro o perejil, opcional para servir

ELABORACIÓN

1. Para preparar el arroz de coliflor puedes rallar los floretes de coliflor o colocarlos en el procesador y pulsar hasta que estén triturados. Esto se hace con la coliflor cruda.
2. Calienta un sartén y derrite la mantequilla o *ghee*. Puedes cambiar por aceite de coco, de oliva o de aguacate.
3. Agrega el arroz de coliflor y cocina a fuego medio alto por 3 a 5 minutos. Mezcla de vez en cuando para que se cocine de forma uniforme.
4. Agrega la nuez, almendras y sazona al gusto con sal y pimienta. Puedes doblar la cantidad de nuez y almendra si lo prefieres.
5. Sirve con tu platillo favorito, ¡es una guarnición deliciosa! Una opción es servirlo con pollo o pescado a la parrilla, la carne molida con nopales (página 199), el pescado empapelado (página 221), el salmón con ensalada de col (página 227), las brochetas árabes (página 197) o tu favorito.

Pizca de sabor

Si un día andas con prisa en muchos supermercados ya venden el arroz de coliflor en la sección de refrigerados del área de verduras y en el área de congelados.

Ensalada sin lechuga

Porciones: 4 tazas

Esta receta me vino a la mente un domingo que invité a mis papás a comer en mi casa. Mientras asábamos carne decidí preparar esta ensalada sin lechuga y sin aceite para acompañar la comida. Tiene un sabor acidito y muy fresco que es el complemento perfecto para carnes, pollo o pescado, especialmente salmón.

INGREDIENTES

- 1 pepino grande
- 1 taza de tomate cherry
- 1 zanahoria, pelada y rallada
- 1 pimiento morrón del color que prefieras, en cubos
- ½ taza de elote amarillo cocido
- 2 cucharadas de vinagre de vino blanco
- ¼ de cucharadita de estevia en polvo o *monk fruit*
- ¼ de cucharadita de orégano seco
- Sal y pimienta, al gusto

ELABORACIÓN

1 Pela el pepino, córtalo a lo largo y retírale las semillas. Pica los vegetales en cubos y el tomate cherry a la mitad.

2 Mezcla en un recipiente el vinagre con la estevia, el orégano, sal y pimienta, hasta que todo quede bien incorporado.

3 Agrega el pepino, el tomate cherry, la zanahoria, el pimiento morrón y el elote. Mezcla todo bien y déjalo reposar por 5 minutos, para que los sabores se combinen.

4 Sirve sola o como guarnición de tu plato favorito, ya sea pollo, pescado, carne, salmón a la parrilla, con albóndigas de lentejas (página 241), pollo empanizado (página 209) o lo que tu antojo te dicte.

Pizca de sabor

Se agrega un toque de dulzor para contrarrestar con el sabor ácido del vinagre ya que esta ensalada no lleva aceite para hacerla más ligera y sana. Si no tienes vinagre de vino blanco puedes reemplazarlo por vinagre balsámico o de manzana. Vale la pena comprarlo, no es muy caro y su sabor es muy rico.

Ensalada fresca de cous cous

**Porciones:
4 tazas**

El *cous cous* es otro ingrediente que no falta en mi casa, y al que me encanta recurrir cada vez que necesito una guarnición sana y deliciosa. Mientras se suaviza, corto los vegetales para mezclarlos y preparar una ensalada. Sin duda una receta muy refrescante y acidita, ideal para disfrutar con pescado, salmón o pollo.

INGREDIENTES

- ½ taza de *cous cous* crudo
- ½ taza de agua hirviendo o de caldo
- 1 calabacita, en cubos chicos
- 1 pepino, en cubos chicos
- 3 cucharadas de jugo de limón
- 2 cucharadas de menta o yerbabuena, picada
- 1 cucharada de aceite de oliva
- Sal y pimienta, al gusto
- Almendras, opcional
- Queso de cabra, opcional

ELABORACIÓN

1 Coloca el *cous cous* en un plato hondo, agrégale agua o caldo hirviendo, mueve un poco el plato para que todo se mezcle y cubre inmediatamente con otro plato para que no se escape el vapor. Deja reposar 5 minutos sin moverlo o abrirlo.

2 Mientras tanto, corta la calabacita (1 ¼ tazas) y el pepino en cubitos sin semillas y sin cáscara (1 ½ tazas).

3 Cuando ya no quede agua en el *cous cous*, retira el plato y mezcla con un tenedor para despegar todos los granitos (como lo haces con el arroz).

4 Coloca en un recipiente pepino, calabacita, jugo de limón, menta, aceite de oliva y el *cous cous*. Sazona con sal y pimienta, prueba, sirve y decora con las almendras y el queso de cabra. Si lo prefieres, más ácido agrégale más jugo de limón. Disfrútalo a cucharadas, con tu guarnición favorita, o en hojas de lechuga.

Pizca de sabor

Yo compro *cous cous* del grano más pequeño, porque así queda cocido entre 3 y 5 minutos. Uso siempre la misma cantidad de agua hirviendo o caldo y me queda perfecto, aunque lo mejor es revisar la información del empaque para cerciorarte de que se cocina así de rápido.

Ensalada de quinoa con mango

**Porciones:
2 porciones**

El mango es de mis frutas favoritas y por su sabor tan especial puedo usarlo tanto en preparaciones dulces como saladas. Esta ensalada es una de esas recetas que se convertirá en una de tus favoritas en la temporada de calor.

INGREDIENTES

- ½ taza de quinoa cocida
- 1 zanahoria, rallada
- 1 pepino, picado en cubos
- 1 mango, en cubos
- 1 tomate rojo, picado
- 2 cucharadas de cebolla morada picada
- 2 limones o al gusto
- Cilantro picado, al gusto

ELABORACIÓN

1 Pela el pepino, córtalo a lo largo, retírale las semillas y pícalo en cubos.
2 En la página 38 encontrarás más detalles sobre cómo cocinar quinoa perfecta. También puedes encontrar un video paso a paso en mi página.[4]
3 Una vez que hayas cocido la quinoa, mézclala con zanahoria, pepino, mango, tomate, cebolla y sazona todo al gusto con sal, pimienta y el jugo de limón.
4 Sirve así sola a cucharadas, en hojas de lechuga o como guarnición de tu plato favorito, a mi me gusta con algo sencillo como pollo, pescado o salmón a la parrilla.
5 Puedes darle más sabor a la ensalada si cocinas la quinoa en caldo de verduras, o bien, agregando cúrcuma, curry o paprika.

Pizca de sabor

Puedes agregar vegetales como apio, pimiento morrón, jícama o hasta hojas verdes picadas, como espinaca, acelga o kale, a esta ensalada. Para preparar una versión rápida de esta receta usa quinoa cocida de un día antes.

4 Visita www.pizcadesabor.com

Tartare de betabel

**Porciones:
4 porciones**

Ésta es una de las botanas o entradas que más preparamos en la casa. Es perfecta cuando se te acaba el tiempo porque si dejas cocido el betabel unas horas o días antes, la puedes preparar en menos de 5 minutos y queda como de restaurante.

INGREDIENTES

- 2 tazas de betabel, en cubos
- 1 cucharada de aceite de oliva
- 1 cucharada de vinagre balsámico
- Arúgula y hojas verdes, al gusto
- Queso de cabra, al gusto
- Nuez picada, al gusto
- Sal y pimienta, al gusto

Pizca de sabor

Si quieres anticiparte con algunos de los pasos de la receta, cocina el betabel un par de horas o días antes, y guárdalo en el refrigerador. Se preservará durante 3 días en refrigeración. Cuando vayas a servirlo, córtalo y mézclalo con los demás ingredientes. El sabor será mejor si el betabel está a temperatura ambiente.

ELABORACIÓN

1 Para la receta necesitas betabel cocido, ya sea que lo cocines en agua, al vapor o al horno. Yo lo cociné en el horno, y como era muy grande (de unos 330 g) lo partí en dos y lo horneé a 180ºC por entre 40 y 45 minutos. El tiempo variará según el tamaño, pero sabrás que está listo si lo picas con un tenedor y éste entra con facilidad. Si lo quieres pelado, puedes hacerlo antes de cocinarlo o una vez que esté cocido.

2 Una vez que lo tengas pelado, corta el betabel en cubos y colócalo en un recipiente hondo. Sazónalo con aceite de oliva, vinagre balsámico, sal y pimienta, y mezcla bien.

3 Coloca la mezcla en un plato y decórala con queso de cabra, nuez picada y hojas verdes como arúgula, espinaca o acelga picada. Si no comes lácteos, no uses el queso de cabra o sustitúyelo por un queso cremoso vegano. Yo decoré con reducción de vinagre balsámico, que puedes comprar en el supermercado. También puedes encontrar una sugerencia para prepararlo en casa si echas un vistazo a mi blog.[5]

5 Visita www.pizcadesabor.com

Ceviche de garbanzos

**Porciones:
2 porciones**

Una ensalada muy fresca y con muchos vegetales que te hará sentir muy ligero, ideal para la temporada de calor. El toque de cítricos cambia por completo el sabor de los garbanzos, por lo que te recomiendo servirlos solos, con tostadas horneadas o en hojas de lechuga.

INGREDIENTES

- 1 taza de garbanzos cocidos
- 1 pepino grande, picado
- ¼ de taza de cebolla morada picada
- 1 tomate rojo, en cuadros
- 1 pimiento morrón, en cubos
- 2 limones o al gusto
- 1 naranja chica
- 2 cucharadas de cilantro, picado
- 1 cucharada de salsa de soya o aminos
- ½ aguacate, en cubos
- Sal y pimienta, al gusto

ELABORACIÓN

1. Pela el pepino, córtalo a lo largo y retírale las semillas. Luego pica los vegetales en cubos. Puedes usar el pimiento morrón del color que más te guste; yo, por ejemplo, usé uno de color naranja.
2. Mezcla los garbanzos cocidos (sin líquido) con pepino, cebolla morada, tomate, pimiento morrón y sazona con el jugo de limón, jugo de la naranja, aminos, cilantro, sal y pimienta. Si usas garbanzos de lata, asegúrate de limpiarlos con agua muy bien.
3. Sirve de inmediato o deja marinar por otros 20 minutos, para que todos los sabores se mezclen. A mí me encanta servir esta ensalada en hojas de lechuga con lajas o cubos de aguacate para una comida o cena ligera.

Pizca de sabor

Aprende a cocinar los garbanzos según mi receta (página 35). Si ya los tienes cocidos podrás disfrutar de esta deliciosa ensalada o ceviche vegetariano ¡en menos de 10 minutos! También puedes cambiar los garbanzos por la misma cantidad de alubias o lentejas cocidas.

Espárragos al sartén

**Porciones:
4 porciones**

Cuando tienes espárragos y no sabes qué hacer con ellos, llega esta receta para salvarte. Es una receta de guarnición sencilla y perfecta para comidas o cenas en tu casa porque no requiere demasiado esfuerzo o tiempo y luce mucho ante los invitados.

INGREDIENTES

- 450 g de espárragos
- 1 cucharadita de aceite de oliva, mantequilla o *ghee*
- 1 cucharada de jugo de limón
- Sal y pimienta, al gusto

ELABORACIÓN

1 Corta el extremo de los espárragos; no necesitarás la orilla o las puntas de los espárragos, ya que eso no se consume. Si no sabes donde cortar, toma un espárrago y dóblalo: donde se rompa fácilmente ahí debes cortar. Corta en 3 o 4 trozos cada espárrago.

2 Calienta el aceite o mantequilla en un sartén a fuego medio alto, para después añadir los espárragos. Cocina entre 2 y 3 minutos.

3 Sazona con el jugo de limón, sal y pimienta al gusto, y cocina por 1 minuto más. Los espárragos no deben de quedar muy suaves y tienen que conservar su color verde intenso. Esto también dependerá del grosor, por lo que si están muy grandes, agrega 1 o 2 minutos más a la cocción, pero no dejes de vigilarlos. Sírvelos con tu guarnición favorita.

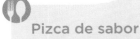

Pizca de sabor

Puedes agregar más jugo de limón si lo deseas, incluso ajo picado, para darle un sabor increíble.

Stir fry de vegetales

**Porciones:
3 porciones**

Cuando estaba preparando el *stir fry* de res (página 203) me di cuenta de que la combinación de vegetales que incluí para acompañar la carne es una guarnición muy completa. Así que te comparto esta receta fácil de adaptar a lo que tengas en tu refrigerador. No olvides echar un ojo a la **Pizca de sabor.**

INGREDIENTES

- 6 champiñones, rebanados
- 6 espárragos, picados
- 2 tazas de chícharo chino (200 g)
- 1 pimiento morrón, en tiras
- 1 calabacita grande, en medias lunas
- 1 zanahoria, en medias lunas
- 1 chorrito de aceite de ajonjolí u oliva
- 1 cucharada de salsa de soya, opcional
- Sal y pimienta, al gusto

ELABORACIÓN

1 Ésta es una cocción muy rápida, así que corta la zanahoria en rodajas muy delgadas y después a la mitad para formar las medias lunas. Los espárragos que usé estaban grandes, así que los corté a lo largo y después en tres. Revisa la receta de espárragos al sartén (página 163) específicamente la parte del espárrago que hay que retirar antes de usar.

2 Calienta un sartén grande o wok y engrásalo ligeramente con aceite de ajonjolí, oliva o aguacate. Entonces agrega la zanahoria y el chícharo chino, y cocina la combinación por 3 minutos a fuego medio alto, mezclando de vez en cuando.

3 Agrega calabacita, morrón, espárragos, champiñones y cocina otros 3 minutos; mezcla de vez en cuando para que todos los vegetales se cocinen de manera uniforme y sazona al gusto con sal y pimienta. Si quieres darle un sabor oriental, agrega la salsa de soya y sírvelo con tu plato fuerte favorito.

Pizca de sabor

Si no te gusta uno de los vegetales enlistados o no lo consigues, reemplázalo por otro. Puedes usar brócoli en floretes en lugar de los espárragos, edamames o ejotes si no quieres comer chícharo chino, usar más calabacita, y hongos portobello en vez de champiñones.

Edamames preparados

**Porciones:
2 porciones**

Disfruta estos edamames como guarnición o como cena ligera en menos de 10 minutos. Los encontrarás en la sección de congelados del supermercado, y también puedes elegir frijoles de soya en vaina o con cáscara.

INGREDIENTES

- 2 tazas edamames en vaina
- 2 a 3 cucharadas de jugo de limón
- 1 cucharada de salsa de soya o aminos
- ¼ de cucharadita de aceite de ajonjolí, opcional
- Chile en polvo, al gusto
- Sal, al gusto

ELABORACIÓN

1 Descongela los edamames bajo un chorro de agua caliente. Sólo queremos que no estén helados por fuera.

2 Hierve agua en una olla mediana; entonces agrega sal al gusto y vacía los edamames en la olla. Cocínalos durante 3 o 4 minutos, después de lo cual cuélalos y vacíalos en un recipiente.

3 Sazona al gusto con el jugo de limón, salsa de soya o aminos, chile en polvo, sal y un chorrito pequeño de aceite de ajonjolí (le da un sabor oriental, si lo omites queda igual de rico).

4 Mezcla y verifica el sabor; si quieres los edamames más ácidos agrega más limón; si los quieres más salados, agrega salsa de soya, y si los prefieres picosos, añade más chile. Puedes usar el chile en polvo casero (página 81) o bien usar chile en polvo sin azúcar y bajo en sodio.

5 Me encanta acompañar estos edamames con sashimi de atún. Podrás encontrar la receta en mi blog.[6]

Pizca de sabor

Si nunca has comido los edamames enteros debes saber que la cáscara no se come, sino que se raspa para sacar el sabor. Para lograrlo, tómalo de una esquina, colócalo en tu boca y ráspalo con tus dientes para extraer los edamames. Te aconsejo tener un platito en la mesa donde puedas poner las cáscaras de los edamames que vayas comiendo.

6 Visita www.pizcadesabor.com

Alubias con aceite de oliva

**Porciones:
1 taza**

Ésta es una variación de una receta que encuentras en un famoso restaurante de carnes. Para darle mi toque especial usé zatar o *za'atar*, una mezcla de especias de la cocina árabe, y que encontrarás fácilmente en el supermercado.

INGREDIENTES

- 1 taza de alubias cocidas
- 2 cucharadas de líquido de cocción de las alubias
- 2 cucharadas de aceite de oliva
- 1 cucharada de zatar
- 1 cucharada de jugo de limón
- ½ cucharada de vinagre blanco
- Sal y pimienta, al gusto

ELABORACIÓN

1 Mezcla en un recipiente las alubias cocidas con el líquido de su cocción, el aceite de oliva, zatar o hierbas (echa un vistazo a la Pizca de sabor), jugo de limón, vinagre y sazona con sal y pimienta.

2 Sabe mucho más rico cuando las alubias están a temperatura ambiente o un tanto tibias. Sirve con pan, tostadas, vegetales o como botana.

Pizca de sabor

Si no tienes zatar puedes reemplazarlo ya sea por una mezcla de hierbas frescas como perejil, cilantro y menta (usa 1 cucharada de cada una) o bien hierbas secas como orégano, tomillo, albahaca y perejil (usa ¼ de cucharadita de cada una).

Sopas y cremas

Ramen de camarón picosito

**Porciones:
2 porciones**

¡Te sorprenderá lo rico que es el caldo del ramen! Si no te gustan los camarones lo puedes preparar en su versión vegetariana, con pollo o con carne picada y cocida.

INGREDIENTES

- 200 g de camarones, pelados y picados
- 1 paquete de fideo soba (140 g)
- 1 cucharada de aceite de sésamo
- 1 cucharada de salsa sriracha
- ½ cebolla chica, picada
- ½ pimiento morrón rojo, en tiras
- 1 cucharada de ajo picado
- ¾ de cucharadita de jengibre rallado
- 1 cucharada de pasta de tomate
- 2 cucharadas de salsa de soya
- 1 cucharadita de jugo de limón
- 3 ½ tazas de caldo de pollo, de camarón o de agua
- Cilantro, para servir

Pizca de sabor

Los fideos soba los encuentras en el pasillo de los productos orientales o gourmet del supermercado. También puedes comprar uno o dos paquetes de ramen y usar sólo la pasta.

ELABORACIÓN

1. Cocina el ramen en agua hirviendo con sal por 2 o 4 minutos, hasta que esté suave. Cuela y lava con agua fría para cortar la cocción; luego divide en dos.
2. Cocina los camarones en una olla con la mitad del aceite de ajonjolí, sal y pimienta. Retira y reserva. Agrega el aceite restante a la olla, junto con la cebolla y sriracha. Cocina a fuego medio por 3 minutos. Agrega el ajo, jengibre, pasta de tomate, salsa de soya, jugo de limón y cocina 1 minuto más.
3. Incorpora el caldo, pimiento morrón, sal, pimienta y deja hervir. Cuando lo haga, tapa la olla y cocina a fuego medio por 5 minutos, para que todos los sabores se mezclen. Pasado el tiempo, prueba de sabor y ajusta con sal, pimienta, picante (salsa sriracha) y un toque de limón.
4. Sirve el caldo caliente con los fideos y cúbrelos con los camarones. Puedes agregarlos al caldo antes de servirlo para calentarlos un poco.
5. Sirve con cilantro y jugo de limón. Los fideos absorben mucho líquido, así que no los agregues al caldo si no te los comerás de inmediato.

Sopa de lentejas

**Porciones:
4 porciones**

La sopa de lentejas es otra de esas recetas básicas. Aquí te comparto, además, trucos para otras 6 versiones con sabores que puedes agregar.

INGREDIENTES

- 4 tazas de agua o caldo de verduras o pollo
- ½ taza de lentejas crudas
- 2 tomates rojos, en cubitos
- 1 cucharadita de ajo picado
- ¼ de cebolla blanca chica, picada finamente
- 1 taza de espinacas, picadas
- ¼ a ½ taza de cilantro picado
- Sal y pimienta, al gusto

ELABORACIÓN

1 Limpia las lentejas y lávalas en un colador con agua; déjalas remojando en agua fría al menos por 4 horas. Después escúrrelas y vuelve a lavarlas con agua.

2 Suaviza la cebolla, el tomate y el ajo en una olla por 4 minutos a fuego medio alto.

3 Agrega las lentejas escurridas, el agua o caldo, sal y pimienta, y mezcla bien.

4 Cuando hierva, baja la flama a fuego medio, tapa y cocina tus lentejas otros 20 o 25 minutos. El tiempo depende de qué tan frescas estén. Si siguen muy firmes, entonces cocina por 5 o 10 minutos más.

5 Agrega espinaca, cilantro y cocina 1 o 2 minutos más, hasta que las espinacas estén suaves. Sirve con jugo de limón.

Pizca de sabor

Aquí hay otras variaciones de sabor que puedes darle a esta deliciosa sopa.

- **Chipotle:** agrega con el caldo 1 cucharada de chile chipotle adobado.
- **Cúrcuma:** agrega con el caldo 1 cucharadita de cúrcuma molida.
- **Extra picosa:** al terminar la cocción sirve con pimienta cayena al gusto.
- **Tomatosa:** agrega junto con el caldo 1 cucharada de pasta de tomate
- **Muchos vegetales:** agrega junto con la cebolla, calabacita, zanahoria, repollo, chayote, papa o el vegetal en cubitos que más se te antoje.
- **Leche de coco y curry:** cambia 2 tazas del caldo por 2 tazas de leche de coco y agrega 1 cucharada de curry en polvo.

Crema de calabacita y cilantro

Porciones: 4 tazas

Si me siguen en redes saben que soy amante del cilantro y que lo agrego a muchos platillos. Una vez, al preparar mi crema de calabacita, le agregué cilantro para darle un sabor nuevo. Creo que ahora me gusta más así.

INGREDIENTES

- 3 tazas de calabacitas, en cubos
- 3 tazas de caldo de pollo, verduras o agua
- 3 cucharadas de yogurt griego sin azúcar
- 1 taza de cilantro, opcional
- Cebolla y ajo en polvo, al gusto
- Hierbas secas, opcional
- Sal y pimienta, al gusto

ELABORACIÓN

1. Si no te gusta el cilantro, puedes preparar la receta sin él, simplemente omítelo.
2. Corta las calabacitas y colócalas en el caldo. Deja que hierva, baja a fuego medio, tapa la olla y cocina por 8 o 10 minutos más, hasta que las calabacitas se suavicen.
3. Coloca todo en la licuadora con cilantro, yogurt griego, sal y pimienta al gusto. Sazona con cebolla en polvo, ajo en polvo y hierbas secas al gusto.
4. Licua con cuidado quitando la tapa pequeña de la licuadora para impedir la salida del vapor.
5. Sirve de inmediato o regresa a la olla y calienta un poco más.

Pizca de sabor

Para una versión sin lácteos no uses el yogurt griego, o bien usa yogurt vegano o leche vegetal de almendra. Puedes agregar a la licuadora con la calabacita un puño pequeño de nuez de la India (*cashews*) que deberás remojar previamente en agua hirviendo por 30 minutos.

Caldo apapachador

Porciones: 8 tazas

Preparé esta receta luego de un viaje, pues quería algo casero después de tanta comida fuera de casa. Ésta es mi versión mejorada de esa receta que hice hace meses, que anima y apapacha hasta en el peor de los días. ¡Se podría decir que es un abrazo en un plato!

INGREDIENTES

- 2 pechugas de pollo
- 1 ½ litros de agua (6 tazas)
- ¼ de cebolla blanca o amarilla, picada
- 1 zanahoria grande, en cubos
- 1 chayote chico, en cubos
- 1 calabacita, en cubos
- 2 tallos de apio, en cubos
- 1 cucharadita de ajo picado
- 1 cucharadita de cúrcuma molida
- 2 ramitas de cilantro, picadas
- 1 taza de hojas de berza o kale, picadas
- 1 taza de garbanzos cocidos
- Sal y pimienta, al gusto

ELABORACIÓN

1. Suaviza cebolla, ajo, zanahoria, apio, chayote y cúrcuma en una olla grande engrasada, a fuego medio y por 3 minutos. Corta las verduras de tamaño parecido para que estén listas al mismo tiempo.
2. Agrega agua y las pechugas de pollo, y cocina a fuego medio por 15 o 20 minutos o hasta que el pollo se suavice y esté cocido.
3. Retira las pechugas del caldo y deshebra con dos tenedores. Regresa el pollo a la olla, junto con los garbanzos (sin líquido), calabacita, cilantro y hojas de berza. Cocina a fuego medio por 5 minutos más o hasta que las verduras estén suaves.
4. Sazona con sal, pimienta y más cúrcuma, si lo deseas. Sirve con un poco de jugo de limón y disfruta. Congela lo que sobró en una bolsa o recipiente. Estará listo para una emergencia y se conservará por 2 meses.

Pizca de sabor

Si alguna verdura no te gusta, usa las que sí o las que tengas en tu refrigerador. Por ejemplo, cambia la berza por espinaca o el chayote por más calabacita o papa en cubos.

Frijoles de la olla

**Porciones:
8 tazas**

Un rico plato de frijoles recién hechos no puede faltar en las casas mexicanas. Ya sea para comerlos solos o para usarlos como base en otras recetas. Te comparto la receta que se prepara en olla sobre la estufa, porque tal vez no todos los lectores tengan una olla de presión, de barro o de lenta cocción (mi forma preferida de hacerlos).

INGREDIENTES

- 2 tazas de frijoles negros o bayos (casi 500 g)
- ¼ de pieza de cebolla blanca o amarilla
- 2 dientes de ajo, pelados
- 1 ramita de epazote, opcional
- Sal, al gusto

ELABORACIÓN

1 Limpia los frijoles y colócalos en un recipiente grande con 8 tazas de agua. Deja un exceso de agua, porque el tamaño de los frijoles se duplicará cuando la absorban. Déjalos reposar entre 8 y 12 horas. Si algunos de los frijoles flotan, retíralos, son frijoles viejos o dañados.

2 Al día siguiente cuela los frijoles, enjuágalos bien y colócalos en una olla grande para hervirlos a fuego alto. Agrega entre 8 y 10 tazas de agua, la cebolla y el ajo; no agregues sal o la cáscara de los frijoles se pondrá dura. Cuando comience a hervir, cambia a fuego bajo y tapa la olla, dejando una pequeña parte descubierta.

3 El tiempo de cocción dependerá del tamaño de los frijoles, su tiempo de remojo y la frescura de éstos. Revísalos a los 60 minutos y si no están suaves, cuécelos 15 minutos más. Si te falta agua, agrégala. Mezcla los frijoles de vez en cuando.

4 Cuando estén casi listos, agrega el epazote. Algunas personas incluso agregan unas hojas de árbol de aguacate.

5 Cuando estén suaves, sazónalos con sal. Si vas a comerlos así, puedes licuar un poco de frijoles con caldo y regresarlos a la olla, para hacerlos más espesos. Disfrútalos con cilantro, queso fresco, tomate y tortillas o usa en tus preparaciones favoritas, como la crema de frijol (página 183).

Pizca de sabor

Podrás usar los frijoles con su caldo en los siguientes 4 o 5 días si los mantienes en el refrigerador; o si los congelas, durarán entre 2 y 3 meses.

Crema de frijol

Porciones: 4 tazas

Una de las recetas más importantes en nuestro repertorio. Esta crema es una manera muy sencilla de incluir los nutritivos frijoles en nuestro día y si no la preparas con tanto caldo incluso puedes usar la crema para hacer enfrijoladas o como salsa en otros platillos.

INGREDIENTES

- 2 ½ tazas de frijoles negros cocidos con caldo
- 1 cucharada de chile chipotle adobado
- 2 tazas de caldo de pollo o vegetales
- 2 cucharadas de yogurt griego sin azúcar
- Sal y pimienta, al gusto

Para servir
- Tiras de tortilla horneadas
- Yogurt griego sin azúcar
- Cilantro picado

ELABORACIÓN

1 Necesitas frijoles de la olla que cociste ese día o en anteriores; si no sabes como prepararlos, revisa la receta de frijoles (página 181).

2 Coloca en la licuadora los frijoles con un poco del caldo de pollo o verduras, chipotle y yogurt griego, y licua hasta que no queden grumos. Con esta cantidad no pica, pero si lo quieres picoso, agrega más chile al gusto.

3 Vacía la mezcla a una olla y cocínala a fuego alto, hasta que hierva. Sazona con sal y pimienta y en cuanto tu crema alcance el punto de ebullición, baja el fuego y cocina por 2 minutos más.

4 Sirve caliente y decora con tiras de tortilla, queso panela en cubos o cilantro y chipotle extra.

Pizca de sabor

La crema de frijoles queda deliciosa con frijoles bayos, peruanos o de cualquier tipo. En cuanto a las tiras de tortilla horneada, revisa la receta de la sopa de tortilla (página 189) para tener más ideas sobre cómo prepararlas.

Sopa aguada con repollo

**Porciones:
5 tazas**

Quise cortar el repollo en tiras delgadas para simular el fideo y agregar más vegetales en una de las sopas más tradicionales en las casas mexicanas. Si te cuesta trabajo que tu familia coma más vegetales ¡ésta es una solución rica y económica!

INGREDIENTES

- 1 tomate rojo grande o 2 chicos
- 1 trozo de cebolla blanca
- ½ diente de ajo pelado, opcional
- ½ paquete de sopa de fideo grueso de 100 g
- 5 tazas de agua, caldo de pollo o verduras
- 2 tazas de repollo, finamente picado
- Sal y pimienta, al gusto
- Jugo de limón, para servir

ELABORACIÓN

1 Licua los tomates, cebolla y ajo con 2 tazas de agua o de caldo.

2 Calienta un chorrito de aceite en una olla y dora el fideo a fuego medio alto por 2 minutos.

3 Agrega el repollo en tiras delgadas y cocina por 4 o 5 minutos, hasta que la mayoría de la pasta esté dorada. No dejes de moverla para que no se te queme.

4 Vacía la mezcla de la licuadora y cocínala por 2 minutos, hasta que cambie a un color más oscuro.

5 Agrega el agua o caldo restante, sazona con sal y pimienta y deja que hierva.

6 Cuando todo llegue al hervor, baja el fuego y cocina por 8 o 10 minutos más, hasta que la pasta y verduras estén suaves. El tiempo dependerá del tamaño del fideo.

7 Retírala del fuego para que no se cocine de más y agrega jugo de limón si deseas.

Pizca de sabor

Cambia la sopa de fideo por cualquier sopa de pasta pequeña, ya sea de letras, municiones, semilla de melón, coditos o macarrones.

Sopa sorpresa de alubias

Porciones: 5 tazas

Una sopa reconfortante para un día frío, con una mezcla de sabores inesperada. Al primer bocado descubrirás la mágica combinación de alubias con berza, limón y ajo, y si comes lácteos podrás agregar un poco de queso parmesano.

INGREDIENTES

- 2 tazas de alubias cocidas
- 2 tazas de caldo de cocción de las alubias
- 1 taza de agua o caldo de verduras
- ½ cucharadita de aceite de oliva
- ¼ de pieza de cebolla blanca, picada
- 1 varita de apio, picada
- 1 cucharada de ajo picado
- 2 cucharadas de jugo de limón
- 2 tazas de kale o berza picada
- 2 cucharadas de perejil picado
- Chile quebrado o seco, al gusto
- Sal y pimienta, al gusto

Pizca de sabor

El secreto para que la preparación sea rápida es tener las alubias ya cocidas. Yo la he preparado con alubias congeladas junto con su líquido de cocción. Verás que en minutos puedes tener una sopa deliciosa y muy llenadora.

ELABORACIÓN

1 Agrega el aceite de oliva a una olla junto con la cebolla, apio y ajo picado. Cocina 3 minutos a fuego alto o hasta que se suavice la cebolla. Agrega las alubias con su caldo de cocción, una taza de agua o caldo.

2 Deja que hierva por 2 minutos. Para darle una textura cremosa licua ahí mismo con la batidora de inmersión, sólo unos segundos, para que conserves algunos trozos completos de alubias. Si no tienes batidora de inmersión sólo retira una o dos tazas de la mezcla, licua un poco y regresa lo que retiraste a la olla.

3 Agrega la berza o kale picada en trozos muy pequeños (puedes cambiar por espinaca o acelga) y un poco de chile quebrado. Sazona al gusto con sal y pimienta, y cocina unos 3 minutos más a fuego alto, para suavizar la berza.

4 Justo antes de servir agrega jugo de limón, perejil y mezcla bien. A mí me gusta servir la sopa y decorar con aceite de oliva, más perejil y un toque de chile seco.

Sopa de tortilla

**Porciones:
4 porciones**

Es una de las sopas que más preparaba mi mamá en mi infancia. Ella agrega tortilla al caldo cuando se licúan los tomates, para que quede más espeso. Si nunca lo has probado así, te invito a hacerlo, ¡te encantará!

INGREDIENTES

Para la sopa de tortilla:

- 3 tomates rojos, en cuartos
- 1 chile pasilla sin semillas
- 1 diente de ajo, pelado
- 1 trozo pequeño de cebolla blanca
- 4 tazas de caldo de verduras o pollo
- 1 taza de agua
- ½ cucharadita de orégano seco
- 9 tortillas de maíz en tiras
- Sal y pimienta, al gusto

Para servir:

- Queso panela, en cubos
- Aguacate, en cubos
- Crema ácida o yogurt griego sin azúcar
- Jugo de limón

ELABORACIÓN

1 Saltea a fuego medio alto el tomate con ajo, chile pasilla, cebolla, orégano y una tortilla en trozos, por entre 3 y 5 minutos. Licua la mezcla con 1 taza de agua y regrésala a la olla. Agrega el caldo, tapa la olla y cocina a fuego medio por 6 u 8 minutos.

2 Verifica el sabor del caldo y sirve en un plato hondo. Agrégale queso panela o fresco, aguacate en cubos, tiras de tortilla, jugo de limón y crema o yogurt.

3 Para preparar las tiras de tortilla que agregarás al servir, corta las tortillas en tiras y colócalas en una bandeja para hornear sin agregar aceite. Hornea a 200ºC, hasta que las tiras se doren y sequen, dependiendo del grosor de las tiritas; aproximadamente serán unos 8 o 10 minutos.

Pizca de sabor

Si no estás acostumbrado a la consistencia que resulta de agregar la tortilla al caldo, puedes omitir ese paso y sólo agregar las tiras horneadas al final.

Sopa cremosa de champiñones

Porciones:
4 porciones

Cuando empecé el blog no me gustaban mucho los champiñones ni las calabacitas, así que me propuse cocinar más con ellos. Ésta es una de las recetas que resultaron de ese experimento.

INGREDIENTES

- 4 tazas de champiñones picados
- 1 cucharadita de mantequilla o *ghee*
- ¼ de cebolla chica, picada finamente
- 1 cucharada de ajo picado
- ½ cucharadita de tomillo seco
- 2 cucharadas de fécula de maíz o maicena
- 1 cucharadita de aminos o salsa inglesa
- 3 tazas de agua
- 1 taza de leche de almendras
- Sal y pimienta, al gusto

ELABORACIÓN

1. Limpia los champiñones con una servilleta (no uses agua) y pica en cubitos. Puedes usar el procesador de alimentos para picarlos más rápido.
2. Derrite la mantequilla en una olla y agrega la cebolla, ajo, tomillo, aminos y champiñones. Cocina a fuego medio alto por 3 minutos.
3. Mezcla el agua con la fécula de maíz, agrégala a la olla y deja que hierva a fuego alto. Cuando lo haga, baja el fuego y cocina por 10 minutos para reducir e intensificar su sabor.
4. Agrega la leche, mezcla bien y sazona con sal y pimienta. Puedes servir así o licuar la mitad de la sopa para hacerla más cremosa, como se ve en la foto.
5. Sirve en platos y disfruta. A mí me gusta acompañar con pan artesanal o un sándwich de queso (*grilled cheese*).

Pizca de sabor

Si la quieres más cremosa puedes omitir la taza de leche y agregar ½ taza de yogurt griego sin azúcar. Yo uso leche de almendra, pero puedes usar tu leche favorita (excepto la de coco, porque cambiará mucho el sabor).

Platos fuertes

Salpicón de res con naranja

**Porciones:
4 porciones**

Hace unos años en un hotel de la Riviera Maya probé un salpicón parecido a éste. Era muy distinto a como siempre lo preparaba en casa e inmediatamente supe que debía crear mi versión. Es ideal para días de mucho calor, cuando quieres comer algo frío.

INGREDIENTES

- 500 g carne para deshebrar (falda o cuete)
- 1 hoja de laurel
- ¼ de cebolla blanca
- 4 rábanos, en tiras
- 2 naranjas, peladas y cortadas
- 2 tomates rojos, picados
- 1 chile jalapeño, picado
- ¼ de cebolla morada o blanca, fileteada
- ¼ de taza de cilantro picado
- ¼ de taza de jugo de naranja natural
- 3 cucharadas de vinagre blanco
- 2 cucharadas de jugo de limón
- ½ cucharadita de orégano seco
- Lechuga, para servir

ELABORACIÓN

1 Corta la carne en trozos de 6 cm para que se cocine más rápido. Coloca en una olla con la cebolla, hoja de laurel y abundante agua. Deja que hierva y entonces reduce la temperatura a fuego medio. Tapa la mitad de la olla y cocina la carne por entre 2 horas y media y 3 horas, o hasta que esté suave y puedas deshebrarla. El tiempo dependerá del tamaño de la carne. Retírala del agua y deshebra con 2 tenedores.

2 Mezcla el jugo de naranja, vinagre, jugo de limón, orégano, sal y pimienta. Agrega la carne deshebrada, la cebolla rebanada, tomate, naranja, rábanos, jalapeño y mezcla bien. Verifica el sabor.

3 Sirve en hojas de lechuga bola. De esta manera no se remoja la lechuga. También puedes cortar de 2 a 3 tazas de lechuga y mezclarla con el salpicón; sólo tendrás que comerlo de inmediato. Acompaña con aguacate, tostadas y chile al gusto.

Pizca de sabor

Puedes cocinar la carne en una olla de cocción lenta. Coloca la carne con entre 6 y 8 tazas de agua con cebolla y laurel, y cocina a fuego alto por hasta 6 horas o hasta que la carne esté muy suave.

Brochetas árabes

**Porciones:
8 brochetas**

El año pasado viajé a Israel y regresé maravillada por todo lo que comimos. Para revivir uno de los tantos sabores que descubrí, preparé mi versión de brochetas árabes. Y ahora tú también puedes sorprenderte con el giro que le puedes dar a la carne molida.

INGREDIENTES

- 500 g carne molida de res
- ½ taza de cebolla rallada o finamente picada
- 1 ½ cucharaditas de paprika o pimentón dulce
- 1 cucharadita de ajo picado
- 1 cucharadita de sal rosa del Himalaya
- ½ cucharadita de comino molido
- ¼ de cucharadita de pimienta negra
- ⅛ de cucharadita de pimienta de cayena
- ¼ de taza de perejil picado
- ¼ de taza de cilantro picado
- Jocoque, para servir
- Arroz o pan pita, para servir

ELABORACIÓN

1 Lo mejor es rallar la cebolla para que su sabor no te abrume. Puedes picarla finamente (como en la foto), pero sólo si a tus acompañantes les gusta.

2 Coloca en un recipiente la carne molida con la cebolla, paprika, ajo, sal, comino, pimienta, perejil, cilantro y pimienta de cayena. Recuerda que la sal rosada es menos salada que la refinada. Si lo quieres picante puedes agregar más pimienta de cayena.

3 Mezcla con las manos e incorpora todas las especias. Divide en 8 porciones iguales y forma tiras alargadas. Revisa las notas si quieres usar los palitos de brocheta.

4 Cocina las brochetas en un sartén o parrilla ligeramente engrasado a fuego medio alto durante 2 minutos o hasta que estén doradas y cocidas al término de tu preferencia.

5 Yo sirvo con arroz, jocoque y ensalada, pero también puedes hacerlo con pan árabe y vegetales.

Pizca de sabor

Engrasa ligeramente los palitos, cubre con la mezcla de la carne y sirve con pan pita o árabe en vez de arroz.

Carne con nopales

**Porciones:
4 porciones**

Me encanta agregar nopales a mis comidas y esta combinación con carne y tomate es una de las mezclas básicas más deliciosas de la comida mexicana. Te comparto mi técnica para que los nopales nunca te queden babosos, ¡el secreto es sencillo!

INGREDIENTES

- 300 g de carne de res picada (echa un ojo a las notas)
- 3 tazas de nopal limpio y en cubitos
- 1 ½ tazas de tomate machacado
- ¼ de cebolla blanca, picada finamente
- 1 cucharadita de ajo picado
- 1 cucharadita de chipotle adobado, opcional
- Cilantro picado, al gusto
- Sal y pimienta, al gusto
- Tortillas de maíz, para servir

ELABORACIÓN

1 Corta los nopales en cubitos. Agrega a un sartén sin aceite, agua o líquido, y cocina los nopales a fuego alto por 5 o 7 minutos, hasta que cambien de color y la baba se evapore por completo. Retira y reserva en un plato.

2 Engrasa ligeramente el sartén, agrega cebolla, ajo y cocina por 2 minutos. Agrega la carne picada y cocínala durante otros 2 minutos o hasta que cambie de color.

3 Agrega los tomates machacados. Me gusta usar 1 lata o bote de tomate machacado (350 g) para no tardarme mucho. Si prefieres usar tomate rojo, hiérvelo o ásalo unos minutos antes para que no esté tan crudo, y después pica en cubitos; guarda todo el jugo que sale al cortarlo.

4 Agrega el nopal al sartén y el chile chipotle, o cambia por chile serrano o jalapeño. Cocina a fuego medio por 3 o 4 minutos, hasta que los sabores se hayan integrado y la carne esté cocida (dependerá del tipo y corte de carne).

5 Sazona al gusto y sirve caliente con cilantro picado al gusto, jugo de limón, tortillas calientitas y el brocoarroz (página 149) para una comida completa.

Pizca de sabor

Usa carne picada como *sirloin,* bisteck o milanesa picada y en cubitos, que sea suave y no necesite mucho tiempo de cocción. También puedes elegir carne de res deshebrada ya cocida o molida.

Lasaña ligera

Porciones:
4 porciones

Esta lasaña de calabacita es una opción espectacular, ligera, llena de vegetales e ideal para esos días cuando deseas bajar tu consumo de carbohidratos. Y recuerda, si tú o tu familia no son fanáticos de la calabacita, puedes alternarla con láminas de pasta.

INGREDIENTES

- 1 zanahoria, en cubitos
- ¼ de cebolla blanca, picada
- 1 cucharadita de ajo picado
- 4 champiñones, picados
- 450 g de carne molida de res
- 1 taza de agua
- 3 calabacitas grandes
- 1 ½ tazas de tomate machacado (350 g)
- Queso mozzarella o manchego, al gusto

ELABORACIÓN

1 Cocina en un sartén cebolla, ajo y zanahoria por 3 minutos a fuego medio alto. Agrega los champiñones picados y cocina por 2 minutos más.

2 Agrega la carne molida y el agua, y cocina por 2 minutos a fuego alto. Añade los tomates machacados; yo uso 1 lata o bote de tomate machacado (350 g), pero puedes usar tomate rojo picado si prefieres, sólo hiérvelo o ásalo unos minutos antes y pícalo reservando todo el jugo que salga.

3 Sazona al gusto con sal y pimienta. Cocina 8 minutos a fuego alto para que la zanahoria esté suave y la salsa espese.

4 Corta la calabacita en láminas delgadas con un cuchillo o mandolina.

5 Precalienta el horno a 200°C. Ahora vamos a armar la lasaña. Puedes hacerlo en un molde personal con 1 taza de boloñesa por persona y 6 láminas de calabacita, o bien en un molde grande. Si decides preparar el molde grande, engrásalo ligeramente y cúbrelo con 8 láminas de calabacita. Después esparce 1 ½ tazas de salsa. Repite dos veces y al final la carne quedará hasta arriba. Cubre con el queso (a menos que no consumas lácteos, en cuyo caso sólo omítelo), y hornea por 20 a 25 minutos o hasta que las calabacitas estén suaves y el queso se haya derretido.

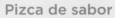

Pizca de sabor

De una calabacita grande salen de 8 a 10 láminas, y esa medida te ayudará a calcular cuántas necesitas.

Stir fry de res

**Porciones:
4 porciones**

Un platillo que preparas en minutos, ésa es la belleza de los *stir fries*, donde primero picamos todos los vegetales y carne (o pollo) y después cocinamos a fuego alto muy rápido. Si no tienes mucho tiempo, esta receta es para ti, ¡la disfrutarás mucho!

INGREDIENTES

- 400 g de milanesa o bistec de res
- 1 cucharadita de ajo picado
- ¼ de cucharadita de jengibre fresco rallado
- 2 cucharadas de salsa de soya
- 1 cucharadita de aceite de ajonjolí
- 2 tazas de chícharo chino (200 g)
- 6 champiñones, rebanados
- 6 espárragos, picados
- 1 pimiento morrón, en tiras
- 1 calabacita grande, en medias lunas
- 1 zanahoria, en medias lunas
- 1 chorrito de aceite de ajonjolí u oliva
- Sal y pimienta, al gusto

ELABORACIÓN

1 Revisa la receta de espárragos al sartén (página 163), especialmente donde explico sobre cómo preparar espárrago, así como mis notas sobre el *stir fry* de vegetales (página 165) para que aprendas cómo sustituir uno de los que ves aquí.

2 Cocina a fuego alto en un sartén grande o wok la carne con aceite por 3 o 4 minutos. Retira con unas pinzas y deja en el sartén todo el jugo.

3 Agrega el ajo, jengibre, zanahoria y chícharo chino y cocina por 3 minutos a fuego medio, mezclando de vez en cuando.

4 Agrega la calabacita, morrón, espárragos y champiñones; cocina 3 minutos más, mezclando los vegetales para que se cocinen de manera uniforme.

5 Agrega la salsa de soya, sal y pimienta al gusto. Sirve con *cous cous* (página 39) o tu guarnición favorita, como arroz o quinoa.

Pizca de sabor

Usa carne picada como *sirloin,* bistec, milanesa picada y en cubitos o hasta carne molida, pechuga de pollo en cubos, filete de puerco picado o camarones.

Papa rellena de pollo buffalo

**Porciones:
2 porciones**

La mezcla de salsa *ranch* con la salsa picante estilo *buffalo* es una de esas combinaciones que todos aman. Quería hacer una versión más saludable y pensé en rellenar una papa. Al final te comparto otra manera de servirla para disfrutar con una serie o película.

INGREDIENTES

- 1 taza de pollo cocido (en cubos o deshebrado)
- ⅓ de taza de salsa *buffalo*
- 2 papas, al horno
- Aderezo *ranch* casero, al gusto
- Perejil o cebollín picado, al gusto

ELABORACIÓN

1 Para esta receta usé la receta de salsa *buffalo* o picante (página 83) y el aderezo *ranch* (página 87). Emplearlas en su versión casera hace la diferencia.

2 Lo ideal es preparar una doble porción de la salsa picante para mezclar el pollo con la salsa y tener suficiente para servir o decorar.

3 Mezcla el pollo deshebrado con la salsa *buffalo*. Para la foto yo usé muslos de pollo deshuesados y deshebrados que cociné hasta dejarlos suaves en la olla de cocción lenta por 5 horas, en la opción de alto. También queda muy rico con pechuga de pollo en cubos o deshebrada.

4 Rellena la papa con el pollo y sirve con el aderezo *ranch* y perejil o cebollín picado.

Pizca de sabor

Otra forma de presentar esta receta es preparar papas a la francesa, ya sea en el horno o en la freidora de aire caliente, hasta que queden doradas y crujientes. Coloca una cama de papas en un plato, agrega el pollo *buffalo* encima y cubre con más salsa picante, aderezo *ranch* casero y perejil picado.

Pollo chino con vegetales

**Porciones:
2 porciones**

Cuando ya no sé cómo preparar el pollo, recurro a esta receta. Es práctico, rápido, delicioso y permite agregar muchos vegetales a nuestra comida. Cuando quede listo el olor te quitará el antojo de comida oriental.

INGREDIENTES

- 2 pechugas de pollo, en cubos
- 2 tazas de brócoli, en floretes
- ¼ de pieza de cebolla blanca, picada finamente
- 1 pimiento morrón, en cubos
- 1 calabacita, picada
- 1 a 2 cucharadas de salsa de soya o aminos
- ½ cucharadita ajo picado, opcional
- ½ cucharadita de jengibre picado
- ½ cucharadita de aceite de ajonjolí o sésamo
- Sal y pimienta, al gusto
- Salsa sriracha, opcional
- Semillas de ajonjolí o sésamo.

ELABORACIÓN

1   Engrasa ligeramente un sartén y agrega cebolla, brócoli, pimiento morrón y calabacita. Mezcla bien y cocina 5 minutos a fuego alto, mezclando de vez en cuando. Retíralo del sartén y reserva.

2   Agrega el aceite de ajonjolí o sésamo, el pollo picado, el jengibre rallado o picado y el ajo. Si te gusta mucho el sabor a jengibre, dobla la cantidad. Sazona al gusto con sal y pimienta, y cocina unos minutos hasta que el pollo esté dorado y bien cocido.

3   Regresa los vegetales al sartén, agrega la salsa de soya y sazona al gusto. Cocina 1 o 2 minutos más, hasta que los vegetales estén calientes y cubiertos con la salsa.

4   Sirve con salsa sriracha o con la picante (página 83) y semillas de ajonjolí. Puedes acompañarlo con tu guarnición favorita, ya sea arroz integral, quinoa cocida, arroz al vapor, el arroz de coliflor (página 151) o el brocoarroz (página 149).

Pizca de sabor

Puedes reemplazar algún vegetal por otro que tengas en casa; queda muy rico con chícharos chinos, espárragos o ejotes. El aceite de ajonjolí y el jengibre fresco dan un sabor espectacular.

Pollo empanizado con almendras

**Porciones:
4 porciones**

Si te encanta el pollo empanizado, esta versión gourmet te sorprenderá. Es facilísima porque no necesitamos usar huevo ni pan molido. También puedes cambiar las almendras por nuez picada, ¡fascinarás a todos con esta receta irresistible!

INGREDIENTES

- 4 milanesas de pollo
- ½ taza de almendras trituradas
- Sal y pimienta, al gusto
- Aceite de oliva, al gusto

ELABORACIÓN

1 Sazona las milanesas de pollo con sal y pimienta. También puedes usar pechuga de pollo o fajitas cortadas en rebanadas delgadas.

2 Tritura bien las almendras y cubre sólo un lado del pollo. No es necesario agregar huevo, las almendras se pegarán fácilmente. Si quieres cubrir ambos lados del pollo, aumenta la cantidad y revisa las notas de la **Pizca de sabor.**

3 Cocina en un sartén ligeramente engrasado a fuego medio alto, con el lado que no tiene almendras en contacto con el sartén. Cuando veas que ya está dorado, baja el fuego, voltea y cocina unos minutos más, sin que se te queme la parte cubierta. Es mejor usar milanesas, porque necesitarás menos tiempo de cocción y así no se te quemará la costra de almendra.

4 Cuando esté bien cocido, sirve con tus guarniciones favoritas. Yo lo acompaño con la ensalada sin lechuga (página 153) y también queda muy rico con arroz tropical (página 147).

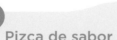

Pizca de sabor

Puedes preparar las milanesas en el horno, mini hornito o freidora de aire caliente para que queden muy crujientes sin quemarlas. Calcula de 15 a 18 minutos a 200°C; si es pechuga de pollo, necesitarás de 25 a 30 minutos, o hasta que esté bien cocida y firme por dentro.

Tacos dorados de pollo sin aceite

**Porciones:
4 porciones**

Hace tiempo compartí en mis redes mi técnica para preparar tacos dorados mega crujientes sin una sola gota de aceite. Pero lo que completa esta receta es el aderezo. Te contaría la sensación de combinar lo crujiente y lo cremoso, ¡pero mejor prepara la receta y me dices qué tal!

INGREDIENTES

- 12 tortillas de maíz
- Carne o pollo deshebrado
- Aderezo de cilantro (página 85)
- Jugo de limón, para servir
- Ensalada verde, para servir

ELABORACIÓN

1 Si las tortillas están frías, hay que calentarlas en el microondas o comal para que se suavicen y las puedas doblar.

2 Ten preparado el relleno, ya sea carne o pollo. Si no sabes cómo hacerlo, revisa la receta del salpicón (página 195) y la del caldo apapachador (página 179) para que verifiques el tiempo para cocinar y deshebrar la carne. Calcula unos 100 g por persona. También puedes rellenarlas con queso panela rallado, papa cocida o machacada con chorizo de coliflor (página 101).

3 Una vez calientes las tortillas, rellena una y enróllala; si es necesario sujétala con un mondadientes. Sigue hasta que hayas enrollado todas. Sujeta 3 tacos juntos.

4 Puedes preparar esta receta en el sartén o en el horno. Mi favorita es la segunda ya que quedan más crujientes y se doran de manera más uniforme. Para lograrlo, coloca los tacos en una bandeja y hornea a 200ºC por entre 14 y 18 minutos, o hasta que estén completamente crujientes y doradas. Puedes cubrir con un poco de aceite en aerosol para hacerlas extra crujientes.

5 Para prepararlas en sartén cocina a fuego medio por entre 5 y 7 minutos, hasta que todos los lados se hayan dorado. Sirve con el aderezo de cilantro y acompaña con una ensalada verde o la ensalada sin lechuga (página 153).

Pizca de sabor

Para una opción más ligera puedes usar las tortillas de nopal con maíz o las tortillas delgaditas de las cuales 3 tortillas equivalen a 1 de maíz regular.

Pasta con pesto y pollo

**Porciones:
2 porciones**

La pasta debe tener un sabor más fresco que el del pesto y contrastar con él. La combinación de pesto, vinagre balsámico y tomate cherry, más dulce que el tomate rojo, también es espectacular. Si conservas porciones congeladas de pesto, ¡prepararás todo en minutos!

INGREDIENTES

- 2 tazas de pasta cocida
- ¼ de taza del agua donde cociste la pasta
- ¼ de taza de pesto sin lácteos (página 79)
- 2 pechugas de pollo, en cubitos
- ½ taza de tomate cherry, a la mitad
- 1 taza de espinaca picada
- 1 cucharada de vinagre balsámico
- Sal y pimienta, al gusto

ELABORACIÓN

1 Cocina la pasta con abundante agua salada a punto de ebullición, hasta que esté *al dente*, es decir, suave al morder, pero firme al tacto. Para dos tazas de pasta cocida necesitas al menos 1 taza de pasta cruda.

2 Reserva ¼ de taza del agua donde cociste la pasta, que deberás drenar. En esa misma olla mezcla el agua con el pesto. Agrega la pasta y mézclala bien para cubrirla con la salsa.

3 Engrasa ligeramente un sartén y agrega los cubos de pechuga de pollo. Sazona con sal y pimienta y cocina a fuego medio alto por 4 o 5 minutos o hasta que el pollo esté bien dorado y cocido.

4 Agrega los tomates cherry en mitades, la espinaca y el vinagre balsámico. Cocina 2 minutos más mezclando de vez en cuando, para que el tomate cherry y la espinaca se suavicen. Sirve con la pasta y disfruta.

Pizca de sabor

Si quieres más pasta, multiplica los ingrediente por las porciones de pasta que desees. Usa tu pasta favorita, ya sea codito, *fusilli,* espagueti, *penne* o la que tengas en casa.

Camarones al curry

**Porciones:
4 porciones**

La mezcla de curry con leche de coco me fascina. Preparé esta receta cuando estábamos de vacaciones en Mazatlán, para disfrutar los camarones frescos que compramos. Tardarás apenas unos minutos en hacerla con calidad de alta cocina de restaurante.

INGREDIENTES

- 500 g camarones crudos y pelados
- ½ cebolla blanca chica, picada
- 1 cucharada de ajo picado
- 1 cucharada de jengibre picado
- 1 tomate rojo, picado
- 1 pimiento morrón rojo, en bastones
- 2 cucharadas de curry en polvo
- 1 lata de leche de coco (400 ml)
- ¼ de taza de cilantro picado
- 1 chile serrano, al gusto
- Limón, al gusto
- Sal y pimienta, al gusto

ELABORACIÓN

1 Engrasa ligeramente un sartén y agrega los camarones pelados. Sazona con sal y pimienta y cocina hasta que estén rosados, enroscados y firmes. El tiempo dependerá del tamaño que uses; normalmente están listos en minutos.

2 Retira los camarones del sartén y agrega en su lugar cebolla, ajo, jengibre, tomate y pimiento morrón. Cocina durante 3 minutos a fuego medio alto o hasta que se hayan suavizado.

3 Agrega curry en polvo, sal y pimienta. Cocina 1 minuto y agrega la leche de coco.

4 Deja que la mezcla hierva y prueba de sazón. Agrega los camarones, cilantro, jugo de limón (1 cucharada) y mezcla bien. Cocina unos segundos, sólo para calentarlos.

5 Me gusta servirlos sobre una cama de arroz integral, salvaje o jazmín y agregar cilantro, jugo de limón y chile serrano al gusto.

Pizca de sabor

Esta receta queda rica con calabacita, champiñones, más pimiento morrón y coliflor picada. Si prefieres usar hojas verdes, agrégalas al final. Si no quieres usar camarones, cámbialos por pechugas o muslos de pollo en cubitos.

Pescado a la mostaza

**Porciones:
2 porciones**

Lo mejor de esta receta es que se prepara en el sartén, así que no necesitarás un horno. No hay duda de que querrás agregarla a tu menú semanal por su sabor. ¿Alguien más es tan fan de la mostaza como yo?

INGREDIENTES

- 2 filetes de pescado blanco
- 2 cucharadas de mostaza amarilla
- 1 cucharada de mantequilla o *ghee*
- 1 cucharadita de ajo picado
- 2 cucharadas de jugo de limón
- ⅓ taza de agua o caldo (verduras, pescado, pollo)
- 1 cucharada de perejil picado
- Sal y pimienta, al gusto
- Miel de abeja, opcional

ELABORACIÓN

1. Sazona los filetes de pescado con sal y pimienta. Derrite la mitad de la mantequilla y agrega el pescado. Cocina a fuego medio con la tapa puesta hasta que dore, durante 4 o 5 minutos por lado. Retira del sartén y reserva.

2. Si te gusta con mucha salsa, duplica los ingredientes de este paso. Baja el fuego, agrega la mantequilla restante, el ajo, jugo de limón, mostaza, agua o caldo y perejil. Sazona al gusto con sal, pimienta y mezcla bien hasta que esté todo incorporado. Si te gusta estilo mostaza dulce, agrega un poco de estevia, *monk fruit* o miel al gusto.

3. Regresa los pescados al sartén y cocina unos minutos más, hasta que la salsa espese.

4. Sírvelos calientes con tu guarnición favorita. Queda riquísimo con el arroz de coliflor (página 151), el arroz tropical (página 147), la ensalada de *cous cous* (página 155), los espárragos al sartén (página 163), el *stir fry* de vegetales (página 165) o la ensalada de quinoa con mango (página 157).

Pizca de sabor

No te preocupes si prefieres no incluir mantequilla o quieres evitar las grasas, no la incluyas y quedará igual de rico.

Pescado con chile en polvo

**Porciones:
2 porciones**

Hace unos años sazoné unos filetes de pescado con chile en polvo para variar un poco mi mezcla tradicional de ajo, cebolla y paprika en polvo. Quedé enamorada del sabor acidito y ahora el chile en polvo nunca falta en casa, para prepararlo continuamente.

INGREDIENTES

- 2 filetes de pescado blanco
- Chile en polvo (página 81)
- Sal y pimienta, al gusto
- Jugo de limón

ELABORACIÓN

1 Cubre el pescado con el chile en polvo, sal y pimienta.

2 Engrasa ligeramente un sartén y cocina cada lado a fuego medio alto por 3 minutos. El tiempo dependerá del grosor, tipo de pescado que uses y qué tan cocido te guste. Si tapas el sartén, el vapor lo cocinará de manera más uniforme y rápida. También puedes cocinarlo al horno, durante unos 12 a 14 minutos, a 200ºC.

3 Sirve con tu guarnición favorita. Yo lo serví con la ensalada fresca de *cous cous* (página 155), pero también queda delicioso con el arroz de coliflor (página 151), el arroz tropical (página 147), los espárragos al sartén (página 163), el *stir fry* de vegetales (página 165) o la ensalada de quinoa con mango (página 157).

Pizca de sabor

Si no tienes el chile en polvo casero que preparamos, usa chile en polvo sin azúcar y bajo en sodio. Puedes cambiar el pescado por pollo, salmón o filete de atún fresco.

Pescado empapelado

**Porciones:
4 porciones**

Una de las recetas más clásicas para cocinar pescado. Se envuelve con una mezcla de tomate, cebolla, chile, verduras y se cocina en el mismo vapor del envoltorio. El resultado será una carne suave, con un sabor delicioso.

INGREDIENTES

- 4 filetes de pescado blanco
- 2 tomates rojos, picados
- 1 chile jalapeño, en tiras
- ¼ de cebolla, fileteada
- 1 zanahoria, pelada y en bastones
- 1 calabacita, en bastones
- Sal y pimienta, al gusto
- Limón, al gusto
- Cilantro picado, al gusto
- Papel para hornear o aluminio

ELABORACIÓN

1 Precalienta el horno a 200°C. Corta 4 pedazos de papel para hornear o aluminio, de unos 25 cm por 30 cm aproximadamente, según sea el tamaño de cada filete.

2 Engrásalos ligeramente y coloca dentro el pescado. Cubre con tomate, cebolla, chile y añade tiras de zanahoria y calabacita. Sazona al gusto con sal y pimienta. Dobla las esquinas y los otros lados para cubrir enteramente el pescado.

3 Coloca en una bandeja y hornea durante 10 o 12 minutos, o hasta que el pescado se sienta firme.

4 Abre el papel con cuidado porque saldrá vapor. Sirve el pescado con limón y cilantro.

5 Acompaña con una de las guarniciones del libro, queda muy rico con la ensalada fresca de *cous cous* (página 155), el arroz de coliflor (página 151), la ensalada sin lechuga (página 153) el brocoarroz (página 149) o con arroz integral, como en la foto.

Pizca de sabor
Puedes agregar más vegetales al pescado para hacerlo más completo, ya sea pimiento morrón en tiras, floretes de brócoli o coliflor, espárragos o ejotes.

Poke bowl de atún

**Porciones:
2 porciones**

En mi congelador siempre tengo un filete de atún para esos días en los que se te acaban las ideas. Ya sea con esta receta o en sashimi, el atún es una de mis comidas rápidas más socorridas, sobre todo con el calor que hace en Torreón.

INGREDIENTES

- 200 g de filete o medallón de atún
- 2 cucharadas de salsa de soya o aminos
- ½ cucharadita de vinagre de arroz o jugo de limón
- ¼ de cucharadita de aceite de ajonjolí
- ¼ de cucharadita de sriracha o chipotles molidos
- ¼ de cucharadita de semillas de ajonjolí
- ½ cebollita cambray, opcional

Para servir (al gusto):
- Arroz o quinoa
- Aguacate
- Pepino
- Mango
- Aderezo de chipotle

ELABORACIÓN

1 Corta el atún crudo en cubos chicos. Mezcla en un recipiente la salsa de soya, vinagre de arroz, aceite de ajonjolí y salsa sriracha. Agrega el atún y el tallo de la cebollita cambray picada, mezcla bien y deja todo reposar.

2 Prepara tu *bowl* con tu mezcla favorita; a mí me gusta con arroz, aguacate en cubos, mango, pepino y un toque de semillas de ajonjolí al final. Si quieres una opción más ligera, omite el arroz o la quinoa y sirve en hojas de lechuga con pepino y aguacate en cubos.

3 Si quieres darle un toque extra, prepara un aderezo con yogurt griego sin azúcar o mayonesa con jugo de limón, chipotles adobados, sal y pimienta al gusto.

Pizca de sabor
Puedes sellar el atún crudo en un sartén ligeramente engrasado a fuego alto, 1 minuto por lado.

Salmón a la naranja

**Porciones:
4 porciones**

Ésta es una de mis recetas preferidas para cocinar el salmón. Lleva una salsa de naranja que necesita poco tiempo e ingredientes ¡y lo mejor es que puedes preparar todo en un sartén!

INGREDIENTES

- 500 g de salmón, sin piel
- 3 cucharadas de salsa de soya o aminos
- 1 ½ cucharadas de miel de abeja
- 1 cucharada de ajo picado
- ½ taza de jugo de naranja
- Sal y pimienta, al gusto

ELABORACIÓN

1. Antes de empezar la receta, saca el salmón del refrigerador y déjalo reposar de 10 a 15 minutos, hasta que esté a temperatura ambiente. No es recomendable colocar el salmon muy frío en el sartén caliente, pues puede empequeñecerse y no se cocinará de manera uniforme. Corta 4 filetes del mismo tamaño y sazónalos.

2. Engrasa ligeramente un sartén y pon encima el salmón. Cocina por 4 minutos a fuego medio alto. Voltea y cocina 2 minutos más.

3. Mueve a un lado los filetes y agrega el jugo de naranja (recién exprimido) y ajo picado. Cocina por otros 30 segundos.

4. Agrega la salsa de soya, miel de abeja y sal y pimienta al gusto. Mezcla bien y deja que se cocine unos 30 segundos o hasta que espese ligeramente.

5. Cubre los filetes de salmón con la salsa y sirve. Si te gusta el salmón más cocido, cocínalo 1 o 2 minutos más. El tiempo dependerá del grosor de tus filetes.

Pizca de sabor

Para esta receta calculé una porción de 125 g de salmón por persona, pero también puedes servir piezas más grandes. Los filetes más gruesos necesitan un tiempo de cocción de 8 a 9 minutos. Los filetes más delgados requieren de hasta 7 minutos.

Salmón con ensalada asiática de col

**Porciones:
4 porciones**

A veces la inspiración viene de los lugares menos esperados. Vi una receta parecida a ésta en una película y pensé *¿qué tan difícil puede ser preparar algo así?*. Ésta es mi adaptación, una mezcla tan rica que no creerás lo fácil que es hacerla en casa.

INGREDIENTES

Para el salmón y la ensalada:
- 4 filetes de salmón, sin piel (125 g c/uno)
- 3 tazas de col o repollo morado, picado
- 1 ½ tazas de zanahoria rallada
- ½ taza de cilantro picado
- ¼ de taza de nuez picada

Para la salsa:
- ½ taza de jugo de naranja fresco
- 3 cucharadas de salsa de soya
- 2 ½ cucharadas de vinagre de arroz
- 2 ½ cucharadas de jugo de limón
- ½ cucharadita de jengibre rallado
- ½ cucharadita de aceite de ajonjolí

Pizca de sabor

Si no tienes aceite de ajonjolí puedes usar de oliva. Aunque el sabor que aporta el aceite de ajonjolí es único.

ELABORACIÓN

1. Mezcla los ingredientes de la salsa y divide en dos. Usarás la primera mitad para marinar el salmón. Coloca los filetes en un recipiente o bolsa resellable, agrega la mitad de la salsa y deja reposar por entre 20 y 60 minutos. Puedes dejarlo desde la mañana para sólo cocinarlo al medio día.
2. Combina en un recipiente mediano col, zanahoria, cilantro y nuez con lo que quedó de la salsa. Mezcla muy bien para incorporar todos los ingredientes y sazona con sal y pimienta. Puedes usar mitad col morada y mitad verde, y dejar en reposo unos minutos. Puedes preparar con hasta 2 horas de anticipación.
3. Retira el salmón de donde lo marinaste y hornea a 200ºC por 12 o 15 minutos. En el sartén cocina cada lado por 2 o 4 minutos, hasta que esté cocido.
4. Sirve el salmón con la ensalada de col y disfruta. Acompáñalo con arroz tropical (página 147), arroz integral o el arroz de coliflor con frutos secos (página 151).

Tortitas de atún con linaza y espinaca

**Porciones:
2 a 3 porciones**

¡Estas tortitas de atún con linaza y espinaca están llenas de nutrientes y su sabor es delicioso! Mucho más sanas que las clásicas tortitas con papa, empanizadas y fritas.

INGREDIENTES

- 220 g de lomo de atún en agua
- 3 cucharadas de harina de avena o integral
- 1 taza de espinaca cruda, picada finamente
- 3 cucharadas de agua hirviendo
- 1 cucharada de linaza molida
- 1 cucharadita de mostaza amarilla o Dijon
- Sal y pimienta, al gusto

ELABORACIÓN

1 Mezcla la linaza con 1 cucharada de agua hirviendo. Mezcla bien y deja reposar por 5 minutos.

2 Coloca el atún escurrido en un recipiente y mezcla con la linaza, la harina de avena, la mostaza y la espinaca cruda. Sazona con sal y pimienta. La harina de avena no es otra cosa que hojuelas de avena pulverizadas en la licuadora, aunque también puedes usar harina integral, de amaranto o de garbanzo.

3 Con las manos forma tortitas, tomando 1 cucharada copeteada de la mezcla. Si sientes que la mezcla está muy seca, agrega 1 cucharada de agua o 1 clara de huevo. A mí me salen 12 tortitas chicas.

4 Coloca las tortitas en un sartén ligeramente engrasado. Cocina cada lado a fuego medio por 3 o 4 minutos. Retira del sartén y acompaña con tu guarnición favorita, ya sea el arroz de coliflor (página 151), la ensalada de *cous cous* (página 155), los edamames preparados (página 167), el brocoarroz (página 149), el arroz tropical (página 147) o la ensalada sin lechuga (página 153).

Pizca de sabor

Para escoger el mejor atún, busca los que dicen "lomo sólido de atún" (en agua) en el empaque. Así te aseguras de que lo que consumes es enteramente atún y no una mezcla de atún con soya.

Tostadas de ceviche de lentejas

**Porciones:
2 a 3 porciones**

Lo cremoso del requesón, la tostada crujiente y el delicioso ceviche de lentejas: no te imaginas la combinación de sabores de esta receta.

INGREDIENTES

- 1 taza de lentejas cocidas
- 1 pepino, pelado y picado
- 2 tomates rojos, picados
- 1 pimiento morrón, picado
- 1 zanahoria chica, rallada
- ¼ de taza de cebolla morada, picada finamente
- ¼ de taza de cilantro picado
- 2 limones
- ¼ de cucharadita de ajo en polvo
- ½ cucharadita de aceite de oliva, opcional
- Tostadas horneadas de maíz
- Requesón o jocoque, al gusto
- Sal y pimienta, al gusto

ELABORACIÓN

1 Pela y retira las semillas del pepino para poder cortar en cubitos. No importa el color de pimiento que uses, mientras sea el que más te guste.

2 Combina las lentejas cocidas y escurridas con el pepino, el tomate, el pimiento morrón, la zanahoria, la cebolla morada y el cilantro. Sazona al gusto con jugo de limón, ajo en polvo, sal y pimienta, así como con aceite de oliva para un toque especial. Mezcla bien, hasta que todo esté incorporado, y prueba de sabor.

3 Sirve con tostadas solas, tostadas cubiertas de requesón o jocoque, en hojas de lechuga o a cucharadas. A mí me gusta servir con salsa picante (página 83) o si lo prefieres, con chiles en escabeche o chile serrano picado.

Pizca de sabor

Gracias a que cociné con lentejas congeladas me tomó 10 minutos preparar esta receta. Si quieres saber más sobre cocinar lentejas y guardarlas congeladas, revisa la página 36.

Macarrón con queso cremoso

**Porciones:
4 porciones**

Un domingo decidí preparar mi versión gourmet de los tradicionales *mac & cheese* con yogurt griego en la salsa bechamel cremosa en lugar de mantequilla, harina y leche. ¡No podía quedarme con esta receta para mí sola!

INGREDIENTES

- 1 paquete de pasta de coditos (200 g)
- 10 champiñones, rebanados
- ¾ de taza de agua de cocción de la pasta
- 1 ½ cucharadas de mostaza Dijon
- ¾ de taza de yogurt griego sin azúcar
- ¾ de taza de queso parmesano
- ¼ de cucharadita de ajo en polvo
- ¼ de cucharadita de cebolla en polvo
- Sal y pimienta, al gusto
- Perejil, al gusto

ELABORACIÓN

1 Cocina en un sartén los champiñones rebanados por 3 minutos o hasta que se hayan suavizado. Puedes agregar vegetales al plato para hacerlo más completo. Sólo hay que cocinarlos con los champiñones antes de agregar a la pasta.

2 Hierve agua en una olla. Cuando hierva, agrega sal y la pasta. Cocina hasta que la pasta esté *al dente*, suave al morder, pero firme al tocar. Si la cocinas de más se romperá al mezclarla con la salsa. Reserva ¾ de taza del agua de cocción y drena.

3 Licua el agua que reservaste con mostaza Dijon, yogurt griego, queso parmesano, ajo en polvo, cebolla en polvo, sal y pimienta al gusto. El calor del agua derretirá el queso. Vacía la mezcla a la olla y cocina durante unos minutos a fuego bajo, mezclando con el batidor globo para espesar. Si cocinas a fuego alto se te cortará la salsa.

4 Cuando la salsa espese un poco, agrega la pasta drenada, los champiñones y mezcla. Sirve caliente y decora con perejil picado y queso parmesano al gusto.

🍴 **Pizca de sabor**

Yo uso queso parmesano rallado (no el que viene en botecito). Puedes cambiar por otro o una mezcla de quesos, como cheddar, mozzarella, asadero o gouda. Si no consumes lácteos, usa yogurt y queso vegano.

Sushi mejorado

**Porciones:
3 a 4 rollos**

Sé que el sushi de arroz integral no es el más rico, así que para darle un toque distinto mezclé el arroz integral con quinoa ¡y el sabor mejoró muchísimo! Rellena tus rollitos con vegetales o con tu mezcla favorita.

INGREDIENTES

- 4 hojas de alga nori
- ¾ de taza de arroz integral crudo
- ¼ de taza de quinoa cruda
- 3 ¼ tazas de agua
- 2 cucharadas de vinagre de arroz
- ¼ de cucharadita de azúcar mascabado
- 1 aguacate, en tiras
- ½ pepino, en tiras
- 1 mango, en tiras
- 1 zanahoria, en bastones

ELABORACIÓN

1 Enjuaga el arroz bajo el chorro de agua y coloca en una olla con las 3 ¼ tazas de agua. Déjalo hervir, baja el fuego y tapa la olla. Cocina por 30 minutos.

2 Pasado el tiempo, agrega la quinoa previamente lavada y mezcla bien. Tapa de nuevo y cocina por otros 15 o 18 minutos, hasta que el agua se haya evaporado y tanto el arroz como la quinoa estén cocidos.

3 Mezcla en un recipiente grande el vinagre de arroz, azúcar mascabado y sal. Agrega el arroz con quinoa y cubre todos los granos de la mezcla. Deja reposar hasta que enfríe para poder armar los rollos.

4 Coloca el lado brillante del alga para abajo y encima cubre con la mezcla de arroz, dejando unos 5 cm libres en la parte de arriba. Aplasta con las manos y en la parte de abajo coloca el relleno, aguacate, pepino, mango y zanahoria. Enrolla firmemente y con cuidado para que se arme bien el rollo.

5 Corta con un cuchillo muy filoso y disfruta. Puedes cambiar el relleno por tus vegetales favoritos, y si consumes pescado, agrega atún o salmón crudo.

6 Para preparar la salsa de soya mezcla ¼ de taza de salsa de soya o aminos con el jugo de 1 naranja y 1 limón. Si lo quieres picoso, agrega chile serrano picado.

Pizca de sabor

Si nunca has preparado sushi, lo ideal es que aprendas la técnica de enrollado con un tutorial en línea.

Tlacoyos poderosos

Porciones: 4 tlacoyos

Cuando estaba haciendo el libro, Enrique estuvo pidiendo tlacoyos durante meses. Así que decidí darle gusto con una versión más saludable de la receta. Creo que quedarán muy sorprendidos con el resultado, ¡a él le encantaron!

INGREDIENTES

- 1 ½ tazas de harina de maíz
- 1 taza de agua caliente
- ½ taza de espinaca finamente picada
- 1 cucharada de semillas de chía
- ¼ de cucharadita de sal
- ¼ de taza de frijoles negros
- 3 nopales, picados
- ¼ de cebolla morada, picada
- Cilantro picado, al gusto
- Queso panela desmoronado
- Salsa al gusto

ELABORACIÓN

1 Mezcla la harina de maíz con el agua caliente hasta que todo esté bien incorporado. Agrega espinaca, semillas de chía y sal. Si sientes la mezcla muy seca, ve agregando y mezclando 1 cucharada de agua. Se debe de sentir suave, manejable y no debe quedar pegada en las manos.

2 Divide la masa en 4 bolitas iguales y cubre con un trapo de cocina. Es como más fácil se me hace a mí. Coloca la bolita de masa entre en la tortilladora y aplana. Rellena con 1 cucharada de frijoles y dobla sellando bien las esquinas para que no se salgan los frijoles.

3 Coloca en la mesa de trabajo, y ve aplanando para que tome la forma tradicional ovalada y puntiaguda. Repite hasta que tengas todos los tlacoyos.

4 Cocina cada lado por 3 o 5 minutos en un comal caliente a fuego alto. El tiempo dependerá del grosor de los tlacoyos.

5 Coloca los nopales picados y la cebolla en un sartén, y cocina a fuego alto sin agregar aceite, hasta que toda la baba se haya evaporado y estén suaves. Sazónalos al gusto y sírvelos con los nopales, salsa, queso y cilantro.

Pizca de sabor
Puedes usar la salsa verde estilo guacamole (página 99) o la roja de chipotle (página 97) para servirlos.

Bombas de panela con pico de gallo

**Porciones:
2 porciones**

En Torreón le decimos *bombas* a las tortillas de maíz con queso derretido que normalmente se preparan en el asador con la carne asada. En esta ocasión las cociné con queso panela y las serví con pico de gallo para una comida o cena ligera, fresca y rápida.

INGREDIENTES

- 100 g de queso panela
- 4 a 6 tortillas de maíz
- 2 tomates rojos, picados
- 2 cucharadas de cebolla morada picada
- ½ chile jalapeño, picado
- 1 limón
- Cilantro picado, al gusto
- Sal y pimienta, al gusto

ELABORACIÓN

1 Para elaborar el pico de gallo mezcla en un plato el tomate, cebolla, chile y sazona con jugo de limón, cilantro, sal y pimienta.

2 Corta el queso panela en rebanadas de 1 cm. Engrasa ligeramente un comal o sartén, colócalas ahí y cocina a fuego medio alto por 1 o 2 minutos.

3 Calienta las tortillas en el comal y encima agrega el queso panela. Cocina hasta que estén doradas y crujientes.

4 Cubre con el pico de gallo antes de servir. Acompaña con frijoles de la olla (página 181) o una ensalada verde con lechuga, zanahoria, tomate y pimiento morrón con el aderezo de cilantro (página 85) o el aderezo balsámico sin aceite (página 91).

Pizca de sabor
Puedes cambiar el pico de gallo por salsa verde o roja al gusto y si quieres crear una comida más completa, agrega un poco de carne o pollo picado y dorado sobre el queso panela asado.

Albóndigas de lentejas

Porciones:
16 albóndigas
chicas

Estas albóndigas les gustarán a veganos y a carnívoros por igual. Es una manera de aprovechar todos los nutrientes de las lentejas y podrás congelarlas para días difíciles.

INGREDIENTES

- 1 taza de lentejas cocidas y drenadas
- 1 cucharadita de aceite de oliva
- ¼ de cebolla blanca chica
- 1 cucharada de ajo picado
- ½ taza de avena en hojuelas
- 1½ cucharadas de hierbas italianas secas
- 1 cucharada de pasta de tomate
- 1 cucharadita de aminos o salsa de soya
- 1 taza de caldo de verduras, de pollo o agua
- ¼ de taza de pasta de tomate
- ½ cucharada de ajo picado
- Estevia o azúcar mascabado

Pizca de sabor

Para aprender a cocinar las lentejas revisa la página 175. Puedes cocinarlas días antes y preservarlas congeladas para preparar más rápido esta receta.

ELABORACIÓN

1 Coloca en el procesador los ingredientes de las albóndigas: lentejas, aceite de oliva, cebolla, ajo, avena, hierbas (½ cucharada), pasta de tomate, salsa de soya, sal y pimienta al gusto. Pulsa hasta que todo esté procesado, sólo unos segundos.

2 Prueba y sazona al gusto. Toma una cucharada de la mezcla (yo uso las de medición estándar) y forma 16 albóndigas chicas.

3 Hay dos maneras de cocinarlas. La primera es hornearlas en una bandeja a 180°C por 20 minutos, la segunda es en un sartén ligeramente engrasado a fuego medio alto por 5 o 6 minutos, o hasta que hayan dorado por todos lados. A mí me gustan más horneadas, porque así en los días de prisa las preparo al sartén.

4 Para preparar la salsa de tomate engrasa ligeramente una olla y dora el ajo dos minutos. Agrega la pasta de tomate, agua o caldo, hierbas (1 cucharada), azúcar, sal, pimenta al gusto y cocina a fuego bajo y tapado durante unos 8 o 10 minutos.

5 Sirve las lentejas con la salsa de tomate y tu acompañamiento favorito; queda rico con algo fresco, como la ensalada sin lechuga (página 153), los espárragos al sartén (página 163), espagueti o pasta cocida.

Hamburguesas vegetarianas

**Porciones:
6 hamburguesas**

Las hamburguesas vegetarianas tienen su truco y quería perfeccionarlas para este libro. Normalmente quedan muy suaves, se desmoronan o su sabor no es el mejor. ¡Ésos no serán problemas para esta versión! No tienes que servirlas en pan, disfrútalas en una cama de lechuga y aderezo de cilantro (página 85) o de mostaza dulce (página 89).

INGREDIENTES

- 1 ¼ tazas de garbanzos cocidos
- ¼ de cebolla morada chica
- 1 calabacita chica, en cubos grandes
- 3 cucharadas de cilantro
- 3 cucharadas de jugo de limón o vinagre de vino blanco
- 1 cucharada de crema de cacahuate natural
- 1 cucharada de aceite de oliva
- 1 cucharadita de comino molido
- 1 cucharadita de ajo en polvo
- 1 taza de hojuelas de avena
- Sal y pimienta, al gusto

ELABORACIÓN

1 Licua la avena hasta que quede reducida a polvo o harina.
2 Agrega al procesador de alimentos calabacita, cebolla y pulsa hasta triturarlos. Añade los garbanzos (muy secos y sin líquido extra), el cilantro, jugo de limón o vinagre, crema de cacahuate (página 93), aceite de oliva, comino, ajo en polvo, sal y pimienta al gusto. Procesa hasta que la mezcla quede bien incorporada y prueba de sabor, para sazonar si es necesario.
3 Agrega la harina de avena y mezcla bien. La mezcla debe quedar manejable y es normal que al tocarla se sienta un poco pegajosa. Si ves que está muy suave, tendrás que agregar más harina de avena.
4 Engrasa papel para hornear o papel encerado y coloca sobre una tabla.
5 Divide la mezcla en 6. Engrasa tus manos con aceite y forma bolitas. Aplasta cada bolita en el papel engrasado, forma las hamburguesas y cocínalas en un sartén o parrilla engrasada por 3 o 5 minutos, hasta que se hayan dorado.
6 Sirve con tus complementos favoritos, como tomate, lechuga, chiles o pepinillos.

Pizca de sabor

Si no tienes procesador de alimentos, machaca en un plato los garbanzos y ralla la calabacita y la cebolla. La textura será menos tersa, pero con un delicioso sabor.

Pizza de coliflor y garbanzo

**Porciones:
1 taza**

Me piden mucho la receta de la pizza de coliflor vegana. La masa de la pizza de coliflor normalmente lleva huevo y queso rallado,[7] por lo que me di a la tarea de crear una nueva variación. Ojo, es una forma nueva de disfrutar la coliflor.

INGREDIENTES

- 2 tazas de coliflor rallada o arroz de coliflor
- 2 cucharadas de linaza molida
- 3 cucharadas de agua tibia
- ½ taza de harina de garbanzo
- ¼ de cucharadita de orégano seco
- ¼ de cucharadita de albahaca seca
- Sal y pimienta, al gusto

ELABORACIÓN

1. Muele las semillas de linaza en la licuadora. Yo la compro molida, porque la uso mucho en smoothies o licuados.
2. Mezcla la linaza molida con el agua tibia y déjala reposar 10 minutos.
3. Ralla o procesa la coliflor para formar el arroz. Cocina en un sartén por 5 minutos a fuego medio (sin agregar aceite o agua) para secarla muy bien.
4. Combina la coliflor con la linaza y mezcla con la harina de garbanzo, orégano, albahaca, sal y pimienta al gusto.
5. Cubre una bandeja con papel para hornear engrasado o un tapete de silicón. Engrasa tus manos para esparcir la mezcla y forma dos pizzas. No prepares sólo una o no quedará crujiente y no podrás voltearla.
6. Hornea durante 15 minutos en un horno precalentado a 200°C. Voltea con cuidado y dora otros 15 o 20 minutos más.
7. Cubre con tus *toppings* favoritos. Si llevan queso hornea unos minutos más. Yo las preparé con pesto (página 79), queso mozzarela, aceitunas, pimiento morrón, champiñones, espinaca y vinagre balsámico. La segunda la hice con hummus de chipotle (página 77), tomate cherry, arúgula, aceite de oliva y semillas de ajonjolí.

Pizca de sabor

Reemplaza la harina de garbanzo por harina de almendra o de trigo integral. La de garbanzo ya es más común, no es cara y podrás encontrarla en la sección de productos sanos o gourmet.

---

7 Lee más en el blog de *Pizca de Sabor*.

Sorpresa de flor de jamaica

**Porciones:
4 porciones**

¡Nunca más tendrás que tirar la flor de jamaica después de hacer agua! Ésta es una de las recetas que más preparo para cenar en casa. Es fácil, deliciosa y muy mexicana, te encantará.

INGREDIENTES

- 2 tazas de flor de jamaica hidratada
- 2 tomates rojos, picados
- ¼ de cebolla blanca o morada, picada finamente
- 1 chile jalapeño o serrano, picado
- ¼ de taza de cilantro
- Tortillas de maíz
- Queso, al gusto

Pizca de sabor

Usa tu queso favorito para derretir, ya sea asadero, gouda, chihuahua, mozzarella o hasta un queso vegano si no consumes lácteos.

ELABORACIÓN

1. Enjuaga la flor de jamaica ya hidratada bajo el chorro de agua para quitar impurezas. Puedes conservar la jamaica después de preparar el agua (página 107) o la gelatina (página 269). Si la flor está muy dura todavía, hiérvela con agua por 5 u 8 minutos más a fuego medio; puedes guardar esa agua y tomarla después.
2. Pica la flor de jamaica con el cuchillo o en el procesador de alimentos.
3. Engrasa ligeramente un sartén y cocina el tomate a fuego medio por 5 minutos, con cebolla y chile. Retira las semillas del chile si no lo quieres picoso.
4. Agrega la flor de jamaica picada, el cilantro, sal, pimienta y cocina 2 minutos más. A veces la flor de jamaica puede estar muy ácida, así que puedes contrarrestar el sabor con una pizca de estevia o azúcar mascabado. Si no consumes lácteos, sirve así en tortillas de maíz para unos deliciosos tacos de flor de jamaica.
5. Si quieres preparar las bombas, calienta tortillas de maíz en un comal. Cubre con queso rallado y encima agrega flor de jamaica. Cocina a fuego medio alto unos 5 minutos o hasta que la tortilla esté dorada y el queso se haya derretido.
6. Sirve con jugo de limón, salsa de chipotle (página 97), salsa estilo guacamole (página 99) o cebollitas encurtidas (página 103).

Tacos de quinoa con chorizo

**Porciones:
3 porciones**

Quería una receta para aprovechar el chorizo de coliflor de la página 101. Así que lo serví en tacos ligeros en hojas de lechuga y también con tortilla de maíz. Ambas versiones nos gustaron tanto que decidí fotografiar los dos. ¡Pruébalos y dime cómo te gustaron más!

INGREDIENTES

- 1 ¼ tazas de quinoa cocida
- 1 taza de chorizo de coliflor
- Cebollas encurtidas (página 103)
- Salsa estilo guacamole (página 99)
- Hojas de lechuga, al gusto
- Tortillas de maíz, al gusto

ELABORACIÓN

1 Si no tienes quinoa cocida, revisa la receta (página 38). Si comienzas con quinoa cruda necesitarás ½ taza para la cantidad que pide la receta.

2 Una vez cocida la quinoa, mezcla en un sartén con el chorizo de coliflor y cocina unos minutos a fuego alto hasta que esté caliente.

3 Sirve en tortillas de maíz o en hojas de lechuga lavadas. Acompaña con las cebollas encurtidas (página 103) y la salsa estilo guacamole (página 99).

Pizca de sabor

Usa quinoa que ya tengas refrigerada o congelada. Pero recuerda descongelar por completo antes de usar. El chorizo también se puede congelar separado en porciones de ½ taza para preparar recetas rápidas. Las dos preparaciones durarán unos 2 meses congeladas.

Postres y snacks

Pepinos locos

**Porciones:
2 porciones**

Siempre busco maneras más sanas para quitarme el antojo de algo crujiente y picosito, y las papitas son mi debilidad. Ácido, dulce, picoso, crujiente, ¡este *snack* lo tiene todo!

INGREDIENTES

- 1 pepino, pelado y sin semillas
- ¾ de taza de piña picada
- ½ taza de totopos de nopal triturados
- ¼ de taza de cacahuates sin sal
- 2 cucharadas de arándanos secos
- 2 limones o al gusto
- Chile en polvo al gusto
- Chamoy, opcional

ELABORACIÓN

1 Para esta receta usa los totopos triturados. Calcula unos 14 totopos de nopal para completar ½ taza.

2 Pela el pepino, córtalo a lo largo y con una cuchara retírale las semillas. Corta en dos para tener 4 barquitos para rellenar.

3 Mezcla en un recipiente la piña picada finamente, los cacahuates y los arándanos secos. Sazona al gusto con jugo de limón, chile en polvo (página 81) y 1 cucharada de chamoy.

4 Antes de servir, agrega los totopos de nopal para cubrir con el limón y chile. Vacía en las canoas de pepino y sirve con más chile en polvo. Disfruta mientras los totopos permanezcan crujientes.

Pizca de sabor
Ya venden cacahuates pelados naturales sin rostizar o dorar con aceite o sal. También puedes encontrar chamoy endulzado con estevia en el supermercado.

Crackers de avena

**Porciones:
4 porciones**

Tenía ganas de hacer unas galletas de avena que pudiera servir con algo salado como el hummus (página 77) o con algo dulce como mermelada (página 75). Como no llevan huevo o harina, son perfectas para personas con alergías.

INGREDIENTES

- 1 taza de hojuelas o copos de avena
- ½ taza de pepitas de calabaza
- ¼ de taza de semillas de girasol
- ¼ de taza de semillas de ajonjolí o sésamo
- ¼ de taza de semillas de chía
- 1 cucharada de aceite de coco o tu favorito
- 1 cucharada de miel de maple o agave
- ¾ de taza de agua
- Sal al gusto

ELABORACIÓN

1 Precalienta el horno a 190°C. Mezcla las hojuelas de avena, pepitas de calabaza y las semillas de girasol, ajonjolí y chía.

2 Combina el aceite de coco, miel, sal y agua. Incorpora bien para que la mezcla quede húmeda y deja reposar por 10 o 15 minutos, para que la chía se hidrate.

3 Mezcla bien y verifica la sal. Vacía en una bandeja cubierta con papel para hornear engrasado. No uses papel encerado porque tiende a humear en el horno.

4 Esparce y aplasta la mezcla con las manos engrasadas. Debe de quedar con un grosor de medio centímetro, o tardará más en estar crujiente.

5 Hornea en la parte más alejada de la llama durante 15 minutos. Cubre una tabla grande para picar con papel para hornear o aluminio y úsala para voltear con cuidado la galleta. Colócala de nuevo en la bandeja y hornéala hasta que se vea dorada y seca, o por otros 20 minutos más. Retírala del horno y déjala reposar por 15 minutos antes de cortarla con las manos.

6 Guárdala en la alacena en un recipiente cerrado por hasta 7 días.

Pizca de sabor

Es importante que respetes el tiempo de reposo de las galletas antes de colocarlas en la bandeja de hornear. La chía necesita tiempo para hidratarse y adquirir la consistencia gelatinosa que pegará las galletas.

Quinoa crispies de chocolate

Porciones: 9 cuadros

¿Quién más era fan de los cuadritos de arroz inflado con malvavisco cuando era niño? En la búsqueda de *snacks* o postres más sanos, preparé esta receta con quinoa inflada que también funciona con arroz inflado.

INGREDIENTES

- ¾ de taza de quinoa inflada
- 2 cucharadas de miel de maple o de abeja
- 1 cucharada de aceite de coco, derretido
- 1 cucharada de crema de cacahuate o de almendra
- 1 cucharada de cocoa en polvo

ELABORACIÓN

1 Mezcla miel de maple o abeja, aceite de coco, crema de cacahuate y cocoa en polvo. Si usas crema de cacahuate o almendra endulzada, agrega la mitad de la cantidad de miel.

2 Cuando esté todo incorporado, agrega la quinoa inflada y mezcla hasta que todo quede bien cubierto. La quinoa inflada es distinta a la quinoa regular por lo cual, si no consigues de la adecuada, puedes cambiarla por la misma cantidad de arroz inflado o sin endulzar.

3 Vacía la mezcla sobre un trozo de papel encerado o para hornear y forma un cuadrado. Es más fácil si engrasas ligeramente tus manos. Refrigera los cuadros por entre 30 minutos y 2 horas, y después córtala en 9 cuadritos. Recuerda, si no los refrigeras, perderán su forma.

Pizca de sabor
Para una versión *mocha*, agrega ¼ de cucharadita de café instantáneo a la mezcla de cacao y crema de cacahuate. Si no consigues cacao en polvo, reemplaza por cocoa en polvo.

Bolitas de chocolate

Porciones: 14 bolitas

Ésta es una de las recetas que más me gustan para aliviar el antojo de algo dulce. Con una bolita es más que suficiente ¡pero están tan ricas que querrás comértelas todas!

INGREDIENTES

- 1 taza de dátiles sin hueso
- 1 taza de nuez picada
- 1 cucharada de cacao en polvo
- ½ cucharadita de extracto de vainilla
- 1 pizca de sal, opcional

ELABORACIÓN

1 Pica los dátiles en el procesador de alimentos.

2 Agrega la nuez, vainilla, cocoa y una pizca de sal para acentuar el sabor; yo uso sal rosa del Himalaya. Sigue procesando los ingredientes hasta que se forme una bola con ellos.

3 Forma bolitas con las manos, para lo cual puedes usar la cuchara de medir. Guarda en un recipiente con tapa y consérvalas por 4 semanas más.

4 Puedes disfrutarlas así o decorarlas. Una opción es cubrirlas con cocoa en polvo, crema de cacahuate natural (página 93) y cacao *nibs* o semillas de chía seca, o con coco seco rallado. Cúbrelas mientras estén frescas.

Pizca de sabor

Si no consigues cacao en polvo, puedes reemplazarlo por cocoa en polvo. Y si te especifico la cantidad de dátiles en una taza de medición es porque pueden tener tamaños variados. Asegúrate de que estén suavecitos o el procesador de alimentos no podrá triturarlos.

Carlota de limón

**Porciones:
4 porciones**

Quería una receta de pay o carlota de limón que no utilizara leche condensada pero tuviera esa misma consistencia cremosa. Puedes darle un sabor más ácido o más dulce según prefieras ¡no creerás que es sana!

INGREDIENTES

- 1 taza de yogurt griego sin azúcar
- ½ taza de requesón o queso *ricotta*
- ¼ de taza de jugo de limón
- 2 cucharadas de leche de almendra
- 2 cucharaditas de estevia o *monk fruit*
- 1 cucharadita de extracto de vainilla
- 20 galletas Marías o de vainilla
- Ralladura de limón, para decorar

ELABORACIÓN

1 Licua yogurt griego, requesón, jugo de limón, leche de almendra, estevia y vainilla hasta que no queden grumos. Agrega más endulzante si lo crees necesario.

2 Yo prefiero usar moldes individuales en esta receta, aunque también podrías preparar en un molde pequeño. Cubre el fondo con la mezcla, agrega una galleta y cubre con la mezcla. Repite el proceso hasta que pongas 5 galletas en el molde y arriba tenga mezcla de la crema de limón.

3 Decora con galletas trituradas y ralladura de limón al gusto. Refrigera 1 hora antes de servir.

Pizca de sabor

Si no te gusta la estevia puedes mezclar en una olla ¼ de taza de azúcar mascabado o de coco con 2 cucharadas de agua hirviendo, hasta disolver. Enfría la mezcla antes de agregarla. En este caso, omite la leche de almendra, aunque si queda muy espesa, agrega un chorrito. Ojo: el color no será tan claro como en la foto.

Crepas de chocolate

**Porciones:
10 a 12
crepas
pequeñas**

Hace años compartí en mis redes la receta de las crepas de avena y se hizo viral. Me pidieron la versión de chocolate ¡y aquí está! Perfecta para cuando tienes antojo de algo dulce que también sea sano.

INGREDIENTES

- 1 taza de hojuelas o copos de avena
- 2 huevos
- 2 cucharadas de cacao en polvo
- ¼ de taza de *espresso* o café muy cargado
- 1 taza de leche de almendra
- 1 cucharadita de extracto de vainilla
- 2 cucharadas de azúcar mascabado
- Aceite en aerosol, para engrasar

ELABORACIÓN

1. Coloca la avena en la licuadora. Pulsa hasta que esté hecha harina, sin trozos enteros. Agrega huevos, leche, café, vainilla, cacao y azúcar, y licua hasta que quede todo terso y se pueda esparcir fácilmente. No quedan dulces, así que agrega más azúcar si las comerás solas.
2. Calienta un sartén pequeño y engrasa ligeramente con aceite en spray y coloca un poco de la mezcla, moviendo el sartén para que todo quede bien cubierto y la capa sea delgada.
3. Cocina a fuego medio por 1 o 2 minutos. Voltea con cuidado y deja cocinar por hasta 1 minuto por el otro lado.
4. Sirve calientes con tus ingredientes favoritos: fresa, plátano, frambuesas o rellenos como mermelada (página 75), crema de cacahuate (página 93), o yogurt griego.
5. Guarda las crepas restantes en un recipiente con tapa. Para calentarlas, colócalas en un comal o sartén. También puedes congelarlas separadas por papel encerado o una servilleta. Te durarán unos dos meses.

Pizca de sabor

Puedes cambiar el *espresso* por la misma cantidad de leche para una versión sin café. Si no tienes cacao en polvo, reemplaza por cocoa en polvo.

Coffee cake de manzana

**Porciones:
9 porciones**

No es que sea de café, es un pastel que se hace para disfrutar con café o té. El original lleva como base crema ácida en su mezcla así que me di la tarea de hacerlo en versión sana. Te comparto esta receta con yogurt griego y harina integral que ¡te enamorará!

INGREDIENTES

- 2 tazas de manzana picada
- 2 cucharadas de aceite de aguacate o *ghee*
- 1 huevo
- ½ taza de azúcar mascabado
- ½ taza de yogurt griego sin azúcar
- 1 cucharada de extracto de vainilla
- 1 cucharadita de canela molida
- 1 taza de harina de trigo integral
- 1 cucharada de polvo de hornear
- 1 pizca de sal

Para la cubierta
- ¼ de taza de nuez picada
- 2 cucharadas de azúcar mascabado
- 1 cucharadita de extracto de vainilla
- ½ cucharadita de canela molida

ELABORACIÓN

1 Precalienta el horno a 175ºC, pela la manzana y corta en cubitos. Yo uso manzana verde porque me gusta el sabor que le da al pastel.

2 Licua aceite, huevo, azúcar mascabado, yogurt griego, vainilla y canela hasta que no queden grumos. No puedes usar aceite de coco porque el yogurt lo solidificará.

3 Mezcla la harina con polvo de hornear y sal. Vacía la mezcla de la licuadora e incorpora bien. Agrega la manzana picada con un miserable y vacía en un molde cuadrado y engrasado de alrededor de 8 x 8 pulgadas.

4 Para la cubierta, mezcla en un recipiente hondo nuez, azúcar, vainilla y canela.

5 Hornea el pastel en la parte más alejada de la flama por entre 32 y 36 minutos o hasta que al insertar un palillo en la mezcla salga limpio. Para conservarlo, refrigéralo por hasta 5 días.

Pizca de sabor
Si no consumes lácteos usa yogurt vegano; si eres intolerante al gluten, harina de almendra o avena.

Galletas crujientes de avena y coco

**Porciones:
14 galletas**

Con la llegada de Diego, mi hijo, he buscado recetas de galletas fáciles y más sanas para preparar juntos en un futuro. Me imagino en unos años más horneando y disfrutando con él de esta opción.

INGREDIENTES

- 1 taza de hojuelas o copos de avena
- 2 cucharadas de coco rallado
- 2 cucharadas de aceite de coco
- 2 cucharadas de azúcar mascabado
- 1 huevo, a temperatura ambiente
- 1 cucharada de linaza molida
- ¼ de cucharadita de extracto de vainilla
- ¼ de cucharadita de canela molida
- Coco rallado, al gusto

ELABORACIÓN

1. Precalienta el horno a 180° C. Cubre una o dos bandejas de hornear con papel para hornear (*parchment* o *baking paper*) y engrasa ligeramente con aceite.
2. En un recipiente mediano, mezcla el huevo con el aceite de coco derretido, azúcar, vainilla y canela molida.
3. Coloca en la licuadora las hojuelas de avena, coco rallado y licua hasta que esté hecho polvo. Vacía a la mezcla del huevo con la linaza molida. Mezcla hasta que quede todo bien incorporado. El huevo tiene que estar a temperatura ambiente o solidificará el aceite de coco.
4. Toma 1 cucharada de la mezcla (usa cucharadas de medición estándar) y forma bolitas con las manos. Coloca en la bandeja de hornear y aplasta. De ese tamaño saldrán tus galletas del horno, pues no se expanden al momento de hornear.
5. Hornea en la parte más alejada de la flama por 16 o 18 minutos, o hasta que las galletas se sientan secas al tocarlas y al voltearlas se vean ligeramente doradas. Retira del horno y deja enfriar sobre la bandeja.

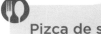

Pizca de sabor

Reemplaza el aceite de coco con aceite de aguacate y el azúcar mascabado con tu endulzante favorito.

Gelatina de jamaica y mango

**Porciones:
6 porciones**

Después del chocolate, la gelatina es de los postres que más me piden mis seguidores. Y con esta receta casera controlarás mejor la cantidad de endulzante. ¡Es tan fácil prepararla que lo harás con los ojos cerrados!

INGREDIENTES

Para la gelatina de jamaica:
- ¼ de taza de flor de jamaica seca
- 2 tazas de agua
- ¼ de taza de azúcar mascabado
- 1 sobre de grenetina o gelatina en polvo (7 g)

Para la gelatina de mango:
- 1 taza de mango picado
- ½ taza de leche de coco
- ½ taza de agua
- 2 cucharadas de azúcar mascabado
- 1 sobre de grenetina o gelatina en polvo (7 g)

ELABORACIÓN

1. Para la gelatina de jamaica, lava la flor y colócala en una olla con agua. Cuando hierva, apaga el fuego y deja reposar por 15 minutos. Después retira la flor y úsala para la sorpresa de jamaica (página 247).
2. Agrega el azúcar mascabado y mezcla muy bien para disolver en el agua tibia. Agrega la grenetina al agua y mezcla con el batidor globo para disolver los grumos. Vacía en 6 vasitos o en un molde pequeño y refrigera 3 horas.
3. Para la gelatina de mango, mezcla la grenetina en la media taza de agua y deja reposar 5 minutos. Derrite a baño María o en el microondas unos segundos. Licua el mango con la leche y azúcar hasta que no queden grumos. Agrega la grenetina derretida, licua unos segundos más y vacía en los moldes de la gelatina de jamaica, que ya debe de estar cuajada.
4. Refrigera unas horas más y decora con mango picado y menta.

Pizca de sabor

Agrega azúcar a tu gusto. Puedes cambiar por estevia o *monk fruit* para una opción más ligera y baja en calorías. Para mayor firmeza, agrega medio sobre de grenetina a cada mezcla, es decir, 3 sobres de grenetina o 21 g en total.

Muffins de plátano

Porciones: 11 muffins

Lo que más me piden para los niños de la casa o para antojos dulces es una buena receta de muffins. Que mejor que aprovechar esos plátanos maduros, ¡aquí está una deliciosa solución!

INGREDIENTES

- 1 taza de plátanos machacados (3 plátanos)
- 1 taza de hojuelas o copos de avena
- ¾ de taza de harina de avena
- ¾ de taza de harina de trigo integral
- ⅓ de taza de azúcar mascabado
- 2 cucharaditas de polvo de hornear
- ¼ de cucharadita de bicarbonato de sodio
- 1 pizca de sal
- 2 huevos
- ¼ de taza de aceite de aguacate
- ¼ de taza de leche de almendra
- ½ cucharadita de extracto de vainilla

ELABORACIÓN

1 Precalienta el horno a 200°C y engrasa un molde para 12 muffins.

2 Mezcla la harina de avena, harina integral, hojuelas de avena, azúcar mascabado, polvo de hornear, bicarbonato de sodio y sal. Para preparar la harina de avena, coloca ¾ de taza en la licuadora y licua.

3 En otro bowl bate los huevos hasta que esponjen un poco. Agrega el aceite, leche, vainilla y plátano machacado. Mezcla muy bien con la batidora globo.

4 Incorpora los ingredientes secos, pero no batas de más. También puedes cambiar la harina de trigo por la misma cantidad de harina de avena o harina de almendra, aunque no quedarán igual de esponjosos como se ven en la foto.

5 Llena hasta ¾ de los moldes y si gustas agrega chispas de chocolate, nuez, moras azules o copos de avena.

6 Hornea por unos 23 o 26 minutos, cuando insertes un palillo y permanezca seco.

🍴 Pizca de sabor

Puedes cambiar el aceite de aguacate por aceite de oliva, *ghee* o de coco, pero asegúrate de que los huevos no estén fríos o se te solidificará el aceite de coco.

Mug cake ¡Necesito chocolate ya!

Porciones: 1 porción

Llevo varios años perfeccionando esta receta, ideal para esos días cuando el antojo de chocolate o pastel te hacen decir "¡lo quiero yaaaaa!". Esta opción, mucho más sana, sin gluten y lista en 5 minutos te vendrá como caída del cielo.

INGREDIENTES

Mug cake:
- 1 huevo
- ¼ de taza de harina de almendra
- 1 cucharadita de extracto de vainilla
- ¼ de cucharadita de polvo de hornear
- 1 ½ cucharadas de cacao en polvo
- 1 cucharadita de *monk fruit* o estevia al gusto
- 1 cucharada de leche de almendra

Betún:
- 2 cucharadas de yogurt griego
- 1 cucharada cacao en polvo
- Estevia y vainilla, al gusto

ELABORACIÓN

1 Bate en un plato hondo el huevo. Agrega la vainilla, cacao, estevia o *monk fruit* y leche de almendra. Puedes cambiar la estevia por tu endulzante favorito. Agrega la harina de almendra y mezcla muy bien.

2 Vacía en un molde engrasado apto para microondas. Yo uso ramequines pero puedes usar una taza. Cocina 1 minuto y revisa. Si lo ves muy suave cocina por lapsos de 30 segundos, durante no más de 2 minutos. Yo lo cocino 1:30 minutos. Al tocarlo debe sentirse firme pero suave (rebota un poco).

3 Deja enfriar unos segundos en la taza o molde si lo vas a desmoldar.

4 Para el betún mezcla el yogurt, cacao, vainilla y endulza al gusto. Sirve con tus *toppings* favoritos, ya sea fruta, chispas de chocolate o la mermelada de frutos rojos con chía de la página 75, ¡la combinación es riquísima!

Pizca de sabor

Si no consumes lácteos usa yogurt de coco o sirve con crema de cacahuate (página 93), fruta o chocolate. Puedes cambiar la harina de almendra por harina de trigo integral.

Panna cotta de matcha

**Porciones:
5 porciones**

Amarás este postre de siete ingredientes. Tardarás menos de diez minutos en prepararlo, lo que lo hace ideal para esas cenas o reuniones para las que no cuentas con mucho tiempo.

INGREDIENTES

- ¾ de taza de leche de coco
- ¼ de taza de agua
- 1 taza de yogurt griego de vainilla
- 1 sobre de grenetina (7 g)
- ¼ de taza de azúcar mascabado
- 1 cucharadita de extracto de vainilla
- 1 cucharada de matcha en polvo

ELABORACIÓN

1 Coloca el agua en una taza y encima espolvorea la grenetina. Mezcla bien con un tenedor y deja reposar 5 minutos. Después derrite a baño María o unos segundos en el microondas

2 Licua la leche de coco, yogurt griego, azúcar mascabado, extracto de vainilla y matcha en polvo hasta que no queden grumos. El matcha en polvo lo encuentras en los pasillos gourmet o de productos extranjeros del supermercado. Es té verde puro y concentrado.

3 Cuando la mezcla esté licuada, y sin apagar la licuadora, vierte la grenetina derretida y licua unos segundos más para incorporar bien.

4 Vacía en 5 moldes pequeños, obtendrás 2 ½ tazas aproximadas.

5 Refrigera hasta que cuaje, de 2 a 4 horas, y sirve. A mí me gusta decorarlo con frambuesas o fresas picadas, hojas de menta y un poco de té matcha espolvoreado arriba.

Pizca de sabor

Si no consumes lácteos, reemplaza el yogurt griego por uno de coco y endulza más para contrarrestar el sabor ácido del coco. Si lo quieres de un verde más brillante, cambia el azúcar mascabado por miel de abeja o de agave.

Pastel de naranja y almendra

Porciones: 10 porciones

Quería incluir un pastel sin gluten, ya que mi papá no consume harina de trigo y sé que algunos de ustedes tampoco. El olor que inunda la cocina cuando se está horneando es riquísimo y querrás comerlo de inmediato. ¡Espero que lo disfrutes mucho!

INGREDIENTES

- 4 huevos, separados
- ¼ de taza de miel de abeja
- 2 ½ cucharadas de ralladura de naranja
- 1 ½ tazas de harina de almendra (180 g)
- 1 cucharadita de polvo de hornear
- 1 cucharadita de extracto de vainilla

Pizca de sabor

No hay sustituto para los huevos en esta receta, pues es el ingrediente que deja al pastel ligero y esponjoso. Si consumes harina de trigo, puedes intercambiar la misma cantidad de harina de almendra que dice la receta o usar mitad y mitad de cada una.

ELABORACIÓN

1. Precalienta el horno a 175°C. Engrasa y cubre un molde de 20 a 22 cm (9 pulgadas) con papel para hornear. Si vas a usar un molde desmoldable, cubre con papel aluminio el fondo para que no se desborde la mezcla.
2. Ralla 2 naranjas para obtener su ralladura. También puedes usar limón.
3. Separa los huevos y mezcla muy bien las yemas con la miel de abeja, harina de almendra, ralladura de naranja, polvo de hornear y vainilla.
4. Bate las claras a punto de nieve y cuando se vean muy firmes, agrega la mitad de la mezcla a las yemas. Incorpora muy bien con un batidor globo, no importa que se rompan las burbujas de las claras, queremos hacer la mezcla más ligera.
5. Agrega poco a poco las claras restantes e incorpora con un miserable para hacer la mezcla más esponjosa. Es normal que esté un poco espesa. Cuando todo esté incorporado, vacía en el molde para hornear.
6. Hornea en la parte más alejada de la flama por 30 o 35 minutos, hasta que al insertar un palillo éste salga limpio. Deja reposar unos 30 minutos antes de desmoldar. Pasa un cuchillo por el borde para separar.
7. Sirve solo, con fruta o con chocolate derretido. Guarda a temperatura ambiente y disfruta en los próximos dos días.

Paletas de café

**Porciones:
7 paletas**

Si te gusta el café, estas paletas no podrán faltar en tu congelador. Me encanta como *snack* de la tarde, ya que me levanta el ánimo y me quita el antojo de algo dulce de una forma sana y deliciosa. ¡Perfectas para los amantes del café como yo!

INGREDIENTES

- 1 lata de leche de coco (400 ml)
- 7 dátiles chicos
- 2 cucharaditas de café instantáneo
- 1 cucharadita de extracto de vainilla
- Cacao *nibs* o granillo de cacao, opcional

ELABORACIÓN

1 Licua la leche de coco, dátiles, café instantáneo y vainilla hasta que no queden grumos. Uso leche de coco en lata porque es mucho más cremosa que en tetrapack. No usamos *espresso* o café regular para que las paletas queden muy cremosas, pues si agregamos agua tendremos cristales de hielo.

2 Prueba de sabor la mezcla y endulza con más dátiles o vainilla, si lo crees necesario. Esto depende del tamaño de los dátiles.

3 Vacía en moldes de paletas y agrega cacao *nibs* al gusto. Inserta los palitos y congela la mezcla durante unas 5 horas o toda la noche. Si no tienes moldes de paleta, usa vasitos pequeños o vasos de shot. Si añades los palitos unos 30 minutos después de dejar tus paletas en el congelador no se moverán de lugar.

4 Para retirar las paletas fácilmente, pasa el molde por agua caliente para separar las paletas.

Pizca de sabor

Si los dátiles están muy duros, remójalos en agua hirviendo por 5 minutos, drena y úsalos en la receta. Si no quieres usar dátiles, puedes endulzar con miel de maple, abeja o agave. Usa 2 cucharadas o prueba y endulza al gusto.

Sorbete de piña colada

**Porciones:
2 tazas**

Sólo necesitas tres ingredientes para preparar este sorbete que te transportará a la playa. Cambia la piña por otra fruta o una mezcla de varias para crear tu propio sabor. ¡A los niños les encanta!

INGREDIENTES

- 2 tazas de cubos de piña congelada
- ¼ de taza de leche de coco
- Estevia o miel, al gusto

ELABORACIÓN

1. Pela la piña y córtala en cubos. Necesitas 2 tazas de cubos medianos o chicos para procesarlos mejor. Coloca la piña en una bandeja para hornear cubierta de papel encerado y congela de 4 a 6 horas.

2. Coloca en el procesador de alimentos los cubos de piña congelada, leche de coco y endulzante al gusto, dependiendo de qué tan madura y ácida esté la piña. Usé leche de coco para lograr el sabor a piña colada, pero puedes usar otra si prefieres, o bien usa agua para una versión acidita con limón y chile en polvo (página 81).

3. Tal vez tendrás que mezclar una o dos veces para que todo se incorpore bien y no queden grumos.

4. Sirve inmediatamente o vacía en un recipiente con tapa y congela por 2 o 3 horas.

Pizca de sabor

Si vas a cambiar la fruta, la necesitas completamente congelada, con la misma cantidad que indica la receta o en dos tazas donde combines frutas. Si tu procesador es pequeño y quieres duplicar la porción, prepara la receta en tandas separadas o te costará dejar suave el sorbete.

Helado de fresa

Porciones:
½ litro

Desde que nació Diego pienso cada día más en las recetas que le voy a preparar. En Torreón, donde vivimos, hace calor casi todo el año, por lo que las nieves y paletas son indispensables para este clima.

INGREDIENTES

- 2 plátanos congelados
- 1 taza de fresas congeladas
- ¼ de taza de leche de almendra
- Estevia o *monk fruit*, al gusto

ELABORACIÓN

1. Pela los plátanos y congélalos. Una vez congelados, córtalos en trozos y colócalos en el procesador de alimentos junto con las fresas y la leche de almendra. Yo compro fresas congeladas ya rebanadas, pero si tú las compras enteras tendrás que picarlas antes de meterlas al procesador de alimentos.

2. El dulzor del plátano que uses determinará la cantidad de endulzante extra que necesitarás. Procesa la mezcla hasta que no queden grumos, para lo cual tal vez debas mezclar una o dos veces hasta que todo se incorpore bien.

3. Sírvelo o, si prefieres, almacena en un recipiente con tapa y congela por 3 horas.

4. Puedes agregar otro sabor al helado, ya sea vainilla, canela, cacao, matcha en polvo o crema de cacahuate. Las posibilidades son infinitas.

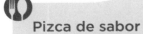

Pizca de sabor

Yo uso leche de almendra, pero puedes usar tu leche favorita. Cambia las fresas por moras, frambuesas o zarzamoras y recuerda que el plátano hace que el helado quede cremoso, por lo que te recomiendo conservarlo.

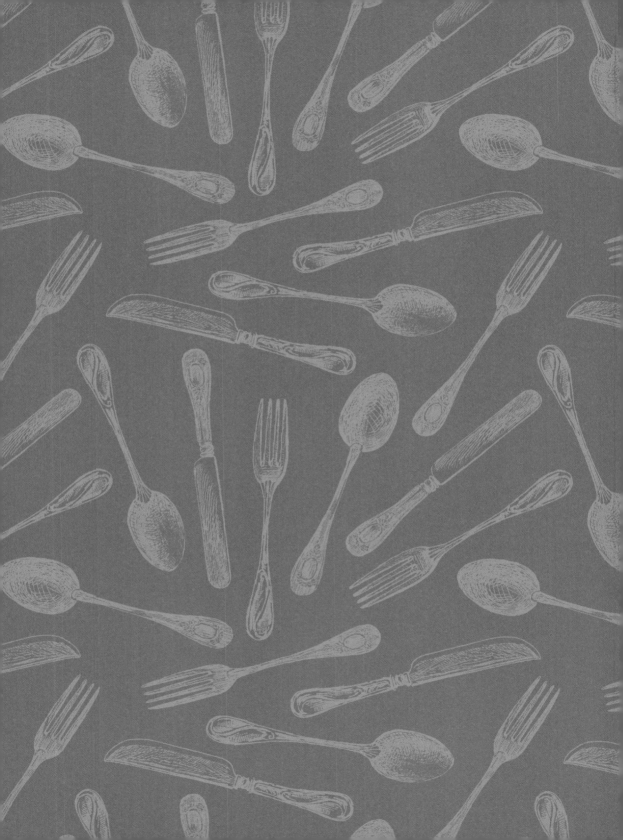

Sobre nuestra academia de cocina y nutrición

Hace algunos años Kike y yo iniciamos un proyecto muy interesante y ambicioso: nuestra Academia en línea de cocina y nutrición. Muchos de nuestros lectores nos pedían una atención personalizada y contenido de temas muy específicos que el blog no les brindaba, así que nos pusimos manos a la obra.

Imaginamos un espacio donde pudiéramos ofrecer fotos paso a paso y videos para que todo el que quisiera aprender tuviera una experiencia divertida. También queríamos que los alumnos pudieran aplicar las habilidades aprendidas inmediatamente. Finalmente, era importante que todas las dudas pudieran ser registradas y consultadas en un foro.

Nuestro primer taller en línea y en español trató sobre la elaboración en casa de leches vegetales, y también diseñamos un taller complementario para utilizar los bagazos (el producto seco que queda al elaborar las leches vegetales). ¡El recibimiento fue increíble! Poco a poco hemos ido incorporando nuevos talleres con gastronomía de todo el mundo, además de un hermoso programa de desayunos saludables y el reto de smoothies de 14 días que ahora forma parte de este libro

Todas estas experiencias nos dieron el valor para lanzar el programa de nutrición en línea Renuévate, el cual desarrollamos en conjunto con Marce González y Luly Batarse, nutriólogas de la UDEM y creadoras de Nutrición ML. Este proyecto integra su amplio conocimiento y experiencia en consulta nutricional con las recetas y la magia de Pizca de Sabor. ¿El resultado? Miles de personas felices en todo el mundo que ya están cambiando de hábitos y transformando su vida a través de la cocina.

Nos queda claro que esto es apenas el inicio. Nuestra visión a futuro es convertir a nuestra Academia en el espacio en español de aprendizaje de cocina y nutrición en Internet más importante del mundo. Recibimos muchos mensajes en redes con nuevas ideas y sugerencias sobre el contenido que debemos ir creando, y créeme que ya estamos trabajando en llevarlas a la realidad.

Si todavía no la conoces, te invito a que te des una vuelta en www.academiapds.com. Estamos seguros que encontrarás algo especialmente para ti.

Karla Hernández y Kike Dorantes